UNTERSUCHUNGEN ZUR TEXTGESCHICHTE DER ARISTOTELISCHEN POLITIK

PHILOSOPHIA ANTIQUA

A SERIES OF MONOGRAPHS
ON ANCIENT PHILOSOPHY

EDITED BY

W. J. VERDENIUS AND J. H. WASZINK

VOLUME X

ALOIS DREIZEHNTER

UNTERSUCHUNGEN ZUR TEXTGESCHICHTE DER
ARISTOTELISCHEN POLITIK

LEIDEN
E. J. BRILL
1962

UNTERSUCHUNGEN ZUR TEXTGESCHICHTE DER ARISTOTELISCHEN POLITIK

VON

ALOIS DREIZEHNTER

LEIDEN

E. J. BRILL

1962

PRINTED IN THE NETHERLANDS

INHALTSVERZEICHNIS

MEINER LIEBEN FRAU ZUGEEIGNET

VORWORT

Die vorliegenden Untersuchungen sind aus einer Arbeit entstanden, die von der philosophischen Fakultät der Universität des Saarlandes (Saarbrücken) im Sommersemester 1960 als Doktordissertation angenommen wurde. Das gesamte Material ist neu gesichtet; dabei haben sich die früheren Ergebnisse erneut bestätigt. Die Anordnung der Kapitel wurde etwas geändert und die Arbeit um die Kapitel über die älteste lateinische Übersetzung, den cod. Berol. 397 (H) und den cod. Leid. Scalig. 26 (S) vermehrt. Ausserdem wurden umfassende Register, ein textkritischer Anhang und eine schematische Darstellung der Überlieferungsverhältnisse beigefügt.

Für das Zustandekommen der Arbeit habe ich vor allen meinem Lehrer Herrn Prof. Dr. R. Stark zu danken, der zu den vorliegenden Untersuchungen ermuntert und sie ständig mit Rat und Tat gefördert hat.

Herrn Prof. Dr. H. Dörrie habe ich für nützliche Kritik zu danken.

Besonders gedenke ich der freundlichen Hilfe von Prof. Dr. J. Moreau.

Auch danke ich Herrn Dozenten Dr. V. Buchheit für wichtige Hinweise.

Darüber hinaus schulde ich Dank all den vielen Bibliotheken, die mir Arbeitsmöglichkeiten boten und dadurch die Untersuchungen erleichterten. An erster Stelle sei die Bibliothèque Nationale (Paris) genannt, die mir neben der Möglichkeit, im Handschriftensaal alle gewünschten Handschriften zu bearbeiten, auch in grosszügiger Weise den cod. suppl. gr. 652 (C) nach Saarbrücken auslieh, wo ich ihn in Ruhe kollationieren konnte. Viel Freundlichkeit ist mir auch in der Universitätsbibliothek in Leiden widerfahren, wo es durch ein liebenswürdiges Entgegenkommen von Herrn Dr. P. C. Boeren, dem Leiter der Handschriftenabteilung, möglich war, in verhältnismässig kurzer Zeit den cod. Scal. 26 (S) zu vergleichen. Auch lieh mir die Bibliothek kostenlos Mikrokarten.

Freundliche Auskünfte erteilte mehrfach der Leiter des Institut de recherche et d'histoire des textes (Paris), Herr Dr. M. Richard.

Der Direktor der Imprimerie Nationale (Paris) übersandte eine Handschriftenprobe des cod. nr. 65 des „musée". Weiterhin erteilte das Bibliographische Institut der Türkei in Ankara gern eine schwierige Auskunft. Die Deutsche Staatsbibliothek (Berlin) lieh kostenlos Photokopien von cod. Berol. 397 (H), und Herr Dr. H. Boese war als Leiter der Handschriftenabteilung jederzeit zu Auskünften bereit.

Dank schulde ich weiterhin allen Bibliotheken, die Mikrofilme oder Photokopien ihrer Handschriften zur Verfügung stellten: Der Vaticana in Rom, der Ambrosiana in Mailand, der Bodleiana in Oxford, der Universitätsbibliothek von Leipzig und der Bayrischen Staatsbibliothek in München.

Danken darf ich auch Herrn Dr. P. Michaud-Quantin, der die älteste Übersetzung der Politik herausgegeben (Aristoteles Latinus XXIX 1, Bruges-Paris 1961) und schon vor Erscheinen seiner Ausgabe mir wichtige Einzelheiten darüber mitgeteilt hat.

Die Universitätsbibliothek in Saarbrücken und die Bibliotheca Bipontina (Zweibrücken) boten mir mit ihren reichen Beständen vorzügliche Hilfe und wurden nicht müde, fehlende Bücher durch die Fernleihe zu beschaffen.

Von Herzen danken darf ich auch meiner Frau, die sich der Mühe unterzog, beim Anlegen der Register und Korrekturenlesen zu helfen. Für das Mitlesen der Korrekturen danke ich überdies Herrn H. Freis (Saarbrücken).

Ganz besonderen Dank aber schulde ich Herrn Prof. Dr. W. J. Verdenius (Utrecht) und Herrn Prof. Dr. J. H. Waszink (Leiden) für die Aufnahme meiner Untersuchungen in die Reihe „Philosophia Antiqua".

Saarbrücken, März 1962   ALOIS DREIZEHNTER

EINLEITUNG

Bevor mit den Untersuchungen zur Textgeschichte der aristotelischen Politik begonnen werden kann, ist es nötig, den Stand der Forschung auf diesem Gebiet zu skizzieren und danach die Ziele und Methoden der vorliegenden Arbeit darzulegen.

Seit der Erfindung des Buchdrucks fand die aristotelische Politik immer wieder lebhaftes Interesse. Vor der Akademieausgabe von Immanuel Bekker liegen rund ein Dutzend kritischer Ausgaben. Aber erst Susemihl stellte in seiner grossen Ausgabe (Leipzig 1872) fast das gesamte handschriftliche Material zusammen und ordnete es kritisch. In der Hauptsache verwendete er zu seiner Ausgabe den Parisinus Coisl. 161, die Parisini 2023 und 2026 — alle aus der Bibliothèque Nationale —, den Mediolanensis Ambros. B ord. sup. 105 und die lateinische Übersetzung des Wilhelm von Moerbeke aus dem 13. Jahrhundert, deren erste kritische Ausgabe er dem griechischen Text beigab. Diese Textzeugen teilte Susemihl in zwei grosse Familien ein, in die Familie Π^1, welche den Ambrosianus, den Parisinus 2023 und die lateinische Übersetzung umfasste und die Familie Π^2, zu der er den Par. Coisl. 161 und den Parisinus 2026 sowie eine grosse Gruppe von sog. Deteriores rechnete. Da sich diese beiden Familien recht auffallend in ihrer Textform unterscheiden, ruhte seither die Diskussion, welche Familie besser sei, nicht. Susemihl legte seiner Ausgabe die Textform der Familie Π^1 zugrunde, weil er sie für die bessere hielt. (Susemihl XXXI: „si rem universam spectas, melior est illa, quam sequitur vetusta translatio Guilelmi", Susemihl[3]V: „Et duas esse docui codicum familias, quas Π^1 et Π^2 appellavi, haud raro hanc, saepius illam meliorem, ...") Zu seinem Urteil kam Susemihl vor allem durch die Wertschätzung der lateinischen Übersetzung (Susemihl XXXI f.: „Etiamsi igitur non tanti aestimare possum translationem illam, quanti aestimaverunt viri praestantissimi Victorius et Schneiderus, tamen instar optimi codicis eam esse concedo, ..."). Dieses Vertrauen in den Wert der lateinischen Übersetzung wurde zum ersten Mal durch die Dissertation von Busse (Berlin 1881) erschüttert, der die Art, wie Wilhelm von Moerbeke übersetzte, kritisch untersuchte und dabei zu folgendem Ergebnis kam (Busse 45): „Studiosissime autem eam sententiam defendem et tutabor, Guilelmum quamvis fideliter verbis graecis addictum se praebeat, et ex industria et ex neglegentia non iis tantum locis quibus memoria mendis deformata esset sed etiam saepissime sive sensu perperam percepto sive verbis ex libidine mutatis, codicis sui memoriam vertendo adeo deflexisse, ut etiam si summa illi sit auctoritas vindicanda haec translatio nullo modo pro certo firmoque artis criticae praesidio haberi possit."

Newman äusserte sich zu der Frage nach der besseren Familie vorsichtig und schrieb 1887 im Vorwort zum zweiten Band seiner Ausgabe (p. LIV): „It would seem, then, that both families of manuscripts may safely be used in the construction of a text of the Politics," und fuhr fort: „Ours must be based partly on the first family of manuscripts, partly on the better variety of the second: occasionally perhaps it may be necessary to take a reading from less good variety of the second."

Im gleichen Jahre veröffentlichte Heylbut die Lesungen des Politikfragmentes aus dem 10. Jahrhundert im cod. Vat. gr. 1298. Heylbut rechnete das Fragment zur Familie Π^2 (Heylbut 107): „Diese Classe hat jetzt in den vaticanischen Fragmenten einen sehr alten Vertreter gefunden" und schloss daraus: „dass eine künftige Textrecension in erster Linie auf Grund von Π^2 herzustellen ist."

Noch im gleichen Jahr antwortete Susemihl auf Heylbuts Darlegungen mit einem Verdammungsurteil über die neuen Fragmente und zog nach einem Vergleich ihrer Lesarten mit den Lesarten von Π^1 und Π^2 folgenden Schluss (Susemihl Jahrb. 804): „eine bessere rechtfertigung meiner behauptung, dasz Π^1 im ganzen genommen besser ist als Π^2, kann in der that nicht erbracht und erdacht werden."

Immisch wagte nicht, sich in seinen Ausgaben (Leipzig 1909 und 1929) für eine der beiden Familien zu entschliessen und fasste seine Meinung in folgende Worte: (Immisch XXIV): „Nihilo minus, quamquam contra Susemihlium cum eis consentio, qui in universum generi Π^2 principatum attribuunt, tamen fixum mihi est et stabilitum pariter utrumque genus ubique esse adhibendum." Allerdings zeigen seine Ausgaben, dass er eindeutig die Familie Π^2 bevorzugt. Immisch benutzte auch zum ersten Mal die vatikanischen Fragmente zu einer Ausgabe und zog ausserdem den bis dahin nicht benutzten Codex Berolinensis 397 mit heran. Er hielt diese beiden Textzeugen für Vertreter einer eigenen Rezension, die nach seiner Meinung älter als die Familien Π^1 und Π^2 wäre. Allerdings überzeugen seine Argumente in keiner Weise und somit ist ihm die Einordnung dieser zwei Hss nicht gelungen, was schon Heiberg 1909 in einer Besprechung bemerkt hat (Heiberg 145).

Nach der zweiten Ausgabe von Immisch wurde in der Textgeschichte der aristotelischen Politik kaum etwas Neues geleistet. Immischs ungesicherte Ergebnisse wurden von den späteren Herausgebern kritiklos übernommen (Vergl. z.B. Ross, Oxford 1957; Aubonnet, Paris 1960).

Angesichts des eben skizzierten Standes der Forschung schien es nicht ratsam, in die festgefahrene Diskussion einzugreifen. Und so wurde in der vorliegenden Arbeit das gesamte Überlieferungsproblem, wie es sich unmittelbar aus dem Befund der Handschriften ergibt, von vorne angefasst. Somit lautete die erste Frage, ob die Hss sich überhaupt auf einen mittelalterlichen Kodex zurückführen lassen und ob sie mit Recht in Gruppen eingeteilt werden. Die Frage nach dem Verhältnis des alten Fragments zu den sonst jungen Hss ergab von selbst eine tiefgreifende Untersuchung über das Problem, welche Hss die beste Textform bieten.

Nach dieser Untersuchung, die zu einem klaren Ergebnis gebracht werden konnte, wurde der Berliner Kodex untersucht und eingeordnet.

Drei weitere, bisher zu keiner Ausgabe benutzte Textzeugen wurden in der vorliegenden Arbeit kritisch untersucht. Es handelt sich um eine lateinische Übersetzung des ersten und des Anfangs des zweiten Buches, die älter ist als die bekannte Übersetzung, und um die griechischen Hss Par. suppl. gr. 652 (Bibliothèque Nationale) und cod. Leidensis Scalig. 26. Wenn auch diese Textzeugen wertmässig nicht über den anderen stehen, so ist doch die älteste Übersetzung durch einige Sonderlesungen und zur Aufklärung der Überlieferungsverhältnisse, der Leidener Kodex durch seine Scholien bedeutsam. Bisher waren Bruchstücke des Politikkommentars von Michael von Ephesos aus dem 11. Jahrhundert nur aus der Berliner Hs bekannt. Die gleichen Bruchstücke und einige mehr, oft in besserer Form als im Berliner Kodex, bietet der Scaligeranus, was bisher offenbar niemand wusste. Ausserdem stehen im gleichen Kodex eine Reihe von Scholien anderer Herkunft, so dass es sich lohnt, in einer eigenen Arbeit diese Scholien zu edieren und die Kommentierungsstufen der Politik darzustellen. Deshalb wurde in der vorliegenden Arbeit darauf verzichtet, näher auf die Scholien einzugehen.

Bei der Untersuchung der Abhängigkeitsverhältnisse wurden nicht starre Regeln beachtet, vielmehr wurde in jedem einzelnen Falle aufgrund des paläographischen und kodikologischen Tatbestandes geurteilt.

Zunächst wurden alle erreichbaren Textzeugen auf ihre Textform geprüft und danach folgende der Untersuchung zugrunde gelegt: Par. Coisl. 161 (A), Par. 2026 (B), Mediol. Ambr. B. ord. sup. 105 (M), Par. 2023 (P), das Fragment im Vat. 1298 (V) und die lateinische Übersetzung, die Susemihl ediert hat (G). Dabei wurden alle Lesungen dieser Textzeugen berücksichtigt und die Untersuchung über alle acht Bücher der Politik ausgedehnt. Die restlichen Textzeugen — Berol. 397 (H), Par. suppl. gr. 652 (C), Leid. Scal. 26 (S), die älteste lateinische Übersetzung (g) und die sog. Deteriores — wurden in das für die obigen Textzeugen erarbeitete Stemma eingeordnet.

Um eine möglichst sichere Grundlage zu haben, wurde H in Photokopie neu kollationiert und mit Immischs Lesungen verglichen, C und S im Original zum ersten Mal verglichen, mit Hilfe von Mikrofilm und Photokopie das vatikanische Fragment V nach Heylbut und Immisch erneut kollationiert und mit den Kollationen beider verglichen. Für A und B wurden Susemihls Angaben benutzt, der diese Hss zu Hause mit aller Sorgfalt verglichen hat (Susemihl XI). Für P wurde die Kollation von Patzig bei Susemihl benutzt und ebenso die Kollation von M, die Studemund und Schöll für Susemihl vorgenommen hatten. Über die Zuverlässigkeit seiner Lesungen äussert sich Susemihl mit folgenden Worten (Susemihl XVII Anm. 31): ,,Ceterum lectores ubi alia apud me invenient atque apud unum aut plures eorum, qui antea codices P[1.2.3.4.5] (= P A B, Par. 2025, Par. 1858) excusserint, etiam atque etiam peto, ut mihi confidant, quippe qui ab his viris relata semper cum ipsis libris et ipse comparaverim et cum eis, qui meum in usum codicem Demetri Chalcondylae (= P) contulerunt, ut idem facerent, communicaverim.'' Trotzdem wurden die Hss A B M P erneut für das dritte Buch verglichen, und zwar A und B auf Photokopie, M und P im Mikrofilm. Ausserdem wurden A B und P im Original auf ihr Aussehen, die Grösse, die verschiedenen Farben der Schrift u.s.w. geprüft. Da S ein Zwillingsbruder von M ist, ergab sich durch dessen Kollation ausserdem eine Möglichkeit, die Lesungen von M bei Susemihl zu überprüfen. Dazu wurde M an einigen Stellen, die in den Ausgaben strittig erscheinen, nachgesehen (s. den textkritischen Anhang S. 72). G wurde in der Ausgabe von Susemihl benutzt. Für die älteste Übersetzung (g) wurde in Photokopie der wichtigste Kodex (Par. lat. 6458) und der Anfang des vatikanischen Fragmentes Chig. E VII, 225 mit dem griechischen Text verglichen. Ausserdem stand der erste Abzug der Ausgabe von g zur Verfügung, die Herr Pierre Michaud-Quantin (Paris) im Auftrage des Aristoteles Latinus-Unternehmens besorgte. Damit schien eine ausreichend sichere Grundlage zur Untersuchung der einzelnen Textzeugen gegeben. (Über die Prüfung der sog. Deteriores vergl. S. 67 f.) Allen Kollationen wurde Immischs zweite Ausgabe (Leipzig 1929) zugrunde gelegt.

Zitiert wird nach Seite, Spalte und Zeile der Akademieausgabe von Immanuel Bekker. Zur Vereinfachung sind bei den Seitenzahlen jeweils die ersten beiden Ziffern weggelassen, 52 a 1 bedeutet also S. 1252 a 1 und 00 a 1 entsprechend S. 1300 a 1. Da die Politik in der Akademieausgabe keine hundert Seiten umfasst, ist eine Verwechslung ausgeschlossen.

Eine Zusammenfassung (S. 70 f.) und eine schematische Darstellung der Überlieferungsverhältnisse sollen die Übersicht erleichtern.

KAPITEL I

BESCHREIBUNG DER HANDSCHRIFTEN

a. *Die griechischen Handschriften*

A = Parisinus Coislianus 161 (I^b bei Bekker, P² bei Susemihl und Immisch). Der Kodex ist im 14. Jahrhundert auf Bombyzin geschrieben und gehörte einst dem Lavrakloster auf dem Athos, wie die Überschrift βιβλίον τῆς ἁγίας λαύρας τοῦ ἁγίου ἀθανασίου τῶν κατηχουμένων und die Subscriptio erkennen lässt. Die Hs enthält: Grosse Ethik (fol. 1-15), Nikomach. Ethik mit Kommentar (fol. 16-165), Politik mit Marginalien (fol. 168-219), Ökonomie (fol. 220-225ʳ), Metaphysik mit Eisagoge und Kommentar des Alexander von Aphrodisias (fol. 226-405), einen Kommentar des Syrian zu den Büchern B M N der Metaphysik (fol. 410-447), einiges aus Providentia (fol. 447ᵛ-448ʳ). Die Hs hat bei ihren Massen von ca. 30 cm auf 22,5 cm und je 49 Zeilen auf der Seite sehr gelitten. Der Beschreibstoff war schon beim Beschreiben löcherig, wie das Stellen zeigen, an denen ohne Textausfall ein Loch in der Hs ist. Die Hs ist sorgfältig, aber nicht schön geschrieben. Zum Text der Politik hat der Schreiber in verschiedenen Farben Varianten und Glossen, teils zwischen die Zeilen, teils auf den Rand geschrieben. Die Zusätze in der Farbe des Textes werden mit corr. ¹A bezeichnet, wenn sie sich zwischen den Zeilen befinden, wenn auf dem Rand, mit mg. ¹A, Zusätze in einem dunkleren Schwarz entsprechend mit corr. ²A und mg. ²A, Zusätze in roter Tinte mit rubr. A und mg. rubr. A. Susemihl nimmt mit Recht an, dass die Farbunterschiede vom Schreiber gemacht wurden, um die verschiedene Herkunft der Zusätze zu kennzeichnen. ¹) Die einzelnen Bücher der Politik sind schlicht mit ἀριστοτέλους πολιτικῶν ᾱ, βῆτα usw. überschrieben und mit τέλος πολιτικῶν ᾱ unterschrieben. ²)

B = codex Parisinus 2026 (P³ bei Susemihl und Immisch) stammt aus dem 15. Jahrhundert — nach Susemihl aus dem Anfang

---

¹) Susemihl XVI-XX beschreibt die Hs ausführlich.
²) Omont, inventaire sommaire III 146.

des 14. Jahrhunderts — und enthält nur die Politik, von zwei
Händen elegant geschrieben. Die zweite Hand schreibt von fol. 177
an, beginnend mit ἕλκοντας ἐφ' ἑκατέραν 26 b 37. Die Papierhs misst
ca. 19 cm auf 13,5 cm und ist in einen roten Ledereinband gebunden,
der das Wappen Heinrichs II von Frankreich trägt. Sie ist überschrieben mit ἀριστοτέλους πολιτικῶν ὄκτω καὶ πλείους οὐ und
unterschrieben mit τέλος ἀριστοτέλους πολιτικῶν. Da die ersten
beiden Schreiber viele Lücken liessen, offenbar weil schon die
Vorlage nicht mehr ganz leserlich war, hat eine jüngere Hand die
Lücken aufgefüllt und z.T. Glossen in die Hs hineingeschrieben,
die fast alle später wieder abgerieben wurden. [1]

C = codex Parisinus supplementi graeci 652. Die Papierhs aus
dem Ende des 15. Jahrhunderts enthält neben Schriften von Ps.-
Pythagoras, Isaac Argyros, Patricius, Ps.-Hesiod, Hesiod, Ps.-
Homer, Scholien zu Arat, Choricius, Arat, Maximos Planudes,
Nikolaus Rhabdas, Manuel Moschopulos, Joannes Pediasimos,
Johannes Philoponos u.a., die meist mathematisch-astronomischen
Inhalts sind, die aristotelische Politik (fol. 169ʳ-265ᵛ) und daran
anschliessend die Ökonomie. Die Hs. misst ca. 22 cm auf 14,5 cm.
Die Politik ist von zwei Händen geschrieben. Die erste Hand
schreibt in einer hässlichen Schrift bis 76 b 22 ὄντων, von 76 b 22
τὴν δύναμιν an schreibt in fast unleserlicher, winziger Schrift eine
zweite Hand. Das Lesen wird vor allem dadurch erschwert, dass
im zweiten Teil die Tinte wie auf Löschpapier ausgelaufen und
durchgeschlagen ist. Die Hs ist reich an Marginalien und Varianten. [2]

H = codex Berolinensis 397, einst Hamiltonianus 41 (bei
Immisch Hᵃ). Die Papierhs scheint Anfang des 16. Jahrhunderts
geschrieben zu sein. Durch eine Subskription auf fol. 59ᵛ wird
Mailand als Entstehungsort angegeben. Der Name des Auftrag-
gebers, der etwa 10 bis 12 Buchstaben umfasste, ist getilgt. [3]
Die Hs befand sich einst in St. Michael in Venedig. Sie enthält
Nikomach. Ethik mit Scholien (fol. 1-59), Eudem. Ethik mit

---

[1]) Omont, inv. somm. II 181.

[2]) Omont, inv. somm. III 290.

[3]) Auf fol. 59 verso steht: ἐγράφη ἐν τῷ μεδιολάνῳ τῇ νοεμβρίου κ' τῷ λογιο-
τάτῳ καὶ ἀρίστῳ ἀνδρι κυρίῳ (getilgter Name) καὶ ἀληθεῖ τε φιλέλληνι. Der
Name des Auftraggebers ist nicht zu ermitteln. Der Schreiber ist sehr
wahrscheinlich Demetrios Sguropolos, der den Codex Leid. Scalig. 26
(S) geschrieben hat (s.S. 4 f.). Beide Hss zeigen in ihrer Schriftform nur
ganz geringe Abweichungen, die sich daraus erklären lassen, dass H wohl
Jahrzehnte nach S und bei weitem nicht mit gleicher Sorgfalt geschrieben
wurde.

Marginalien (fol. 61-73), Grosse Ethik (fol. 73-84), Politik (fol. 87-188). Die Politik ist von drei Händen geschrieben. Die erste Hand schreibt sehr flüchtig bis fol. 163ʳ ὅπου ἂν μὴ ἤ λήμματα (18 b 15), den Rest des VI. Buches schreibt die zweite, die Bücher VII und VIII eine viel jüngere Hand. In der vorliegenden Arbeit wird nur der erste Teil berücksichtigt, da die beiden Supplemente die Textform der sog. Deteriores (s. unten S. 67 f.) bieten. Die Hs enthält Reste eines Politikkommentars, als dessen Verfasser Immisch Michael von Ephesos nachweisen konnte. [1]) Daneben hat H zum zweiten Buche mehrere kaum lesbare Scholien von jüngerer Hand, die Immisch nicht erwähnt. Die Hs, der Immisch eine besondere Bedeutung zumass, hat auffallend viele Fehler aller Art, weit über hundert Textauslassungen, mehrere Doppelschreibungen. Die Vorlage scheint oft unverständlich abgekürzt gewesen zu sein, da der Schreiber öfters Endungen klanglich der Umgebung anpasst, zwei mögliche Auflösungen gibt oder das ihm Unverständliche nach Kräften abmalt. Besonders kleinere Wörter sind häufig ausgefallen; allein an Artikeln hat H fast 50 weniger als die Ausgabe von Immisch. Die Akzentuierung ist oft mangelhaft oder falsch, falsche Worttrennung ist nicht selten. Die Tatsache, dass der erste Teil genau 3/4 der Politik umfasst, lässt schliessen, dass die Vorlage sich gelöst hatte und mehrere Hefte verloren gegangen waren. [2])

M = codex Mediolanensis Ambrosianus B 105 ordinis superioris (bei Susemihl und Immisch M*). Der Pergamentkodex aus dem Ende des 15. Jahrhunderts ist sehr schön von einer Hand, wahrscheinlich in Mailand, geschrieben und mit reichen Überschriften verziert. Er enthält auf 163 Blättern nur die Politik. Eine jüngere Hand hat an wenigen Stellen Lücken ausgefüllt und fol. 163ʳ das vom ersten Schreiber ausgelassene πεπονθέναι — πρέπον (42 b 32-34) ergänzt. Die Vorlage der Hs hatte sehr willkürliche Abkürzungen, die M z.T. wiedergibt oder oft falsch auflöst. (Näheres über diesen Punkt s. unten bei der Hs S). Die Hs hat sehr viele Auslassungen, meist durch Homoioteleuton bedingt. [3])

P = codex Parisinus 2023 (bei Susemihl und Immisch P¹). Die Papierhs — ca. 20,5 cm auf 14 cm gross — enthält, von einer Hand geschrieben, Nikomach. Ethik (fol. 1-112), Politik (fol.

---

[1]) Immisch XVII f.
[2]) De Boor, Verzeichnis der griechischen Handschriften zu Berlin XI 2 (1897) 229.
[3]) Martini et Bassi I (1906) 136.

116-254), Grosse Ethik (fol. 260-305), Ökonomie (fol. 308-322). Dass die Hs von dem Athener Demetrios Chalkondylas geschrieben ist, ergibt sich mit grosser Wahrscheinlichkeit daraus, dass er am Ende der Hs die Geburtsdaten, Namen und Paten seiner zehn teils in Mailand, teils in Florenz geborenen Kinder angibt. Das jüngste Kind ist ein am 20. Juni 1501 in Mailand geborener Sohn, so dass die Abfassung der Hs zu Beginn des 16. Jahrhunderts erfolgt sein wird. Da die in Mailand geborenen Kinder, obwohl sie jünger sind als die in Florenz geborenen, zuerst aufgezählt werden, ist anzunehmen, dass die Hs in Mailand geschrieben wurde. Die Hs ist ordentlich, aber nicht schön geschrieben. Sie ist reich an Varianten, Glossen und Scholien, die in verschiedenen Farben geschrieben sind. Was in der Farbe des Textes geschrieben ist, wird mit corr[1]. bzw. mg[1]. P bezeichnet und stellt, wie Susemihl mit Recht annahm, Varianten und Glossen dar, die der Schreiber bereits in seiner Vorlage fand. Was in einer helleren Farbe geschrieben und sicher aus einer von der Vorlage verschiedenen Hs genommen ist, wird mit p bzw. mg. p bezeichnet; die in roter Farbe geschriebenen Varianten und Glossen mit rubr. P oder mg. rubr. P. Susemihls Unterscheidung zweier roter Farben lässt sich schwerlich halten. Wo die Unterscheidung der Farben unsicher ist, wird einfach corr. P bzw. mg. P angegeben. Sehr wahrscheinlich stellt die Hs das Konzept für eine Ausgabe der Politik durch den Schreiber dar, der als Editor griechischer Texte bekannt ist. [1])

S = codex Leidensis Scaligeranus 26. Die Pergamenths enthält auf 340 Blättern die Politik und wurde am 22. März 1445 in Mailand im Auftrage des Francesco Filelfo von Demetrios Sguropolos vollendet, wie das der subscriptio fol. 340ᵛ zu entnehmen ist:

τὰς δὲ ἀριστοτέλους φραγκίσκῳ φιλέλφῳ χειρὶ πολιτείας καλῇ δημήτριος αὐτὸς σγουρόπολος γράψας πρότερον δὴ ἄλλοτε ἄλλα. ἐγράφη ἐν μεδιολάνῳ τῷ σοφωτάτῳ ἀνδρὶ κυρίῳ φραγκίσκῳ τῷ φιλέλφῳ· ἀπὸ τῆς τοῦ κῦ ἡμῶν ἰῦ χῦ γεννέσεως ἔτει αʷ νʷ μʷεʷ τῇ μαρτίου κβ. Die Hs

---

[1]) Omont, inv. somm. II 180. Demetrios Chalkondylas ist besonders als Herausgeber der editio princeps von Homer (1488 in Florenz), sowie des Isokrates (1493 in Mailand) und der Suda (1499) bekannt geworden. So ist es durchaus möglich, dass er auch eine Politikausgabe vorbereitete. Spuren seiner Beschäftigung mit der Suda zeigt die Stelle 01 b 23, wo recht unpassend zu dem Stichwort ἡλιαίαν drei Artikel in der gleichen Reihenfolge wie in der Suda hingeschrieben sind. Susemihl war sogar der Meinung, dass dieses Scholion in einer sonst in dieser Hs nicht wieder verwendeten roten Farbe geschrieben sei.

misst ca. 20 cm auf 28,5 cm, ist sehr sorgfältig geschrieben und mit reichen Initialen verziert. Die erste Seite trägt das Wappen des Besitzers. Die Hs wurde 1609 der Bibliothek von Scaliger geschenkt. S hat die gleichen Scholien wie H in etwas besserer Form und ausserdem Scholien, die z.T. schon durch die Hss. A, B und P bekannt waren. Die Hs ist reich an Ligaturen und Abkürzungen. Akzente und Spiritus sind regelmässig gesetzt, Iota subscripta gelegentlich. Die Vorlage war in ähnlicher Weise abgekürzt wie die von M. Neben den üblichen Abkürzungen der Nomina sacra begegnen Abkürzungen wie folgende häufig: ὀρθο$^{τ\tau}$/ oder ἐλευθεριο$^{τ\tau}$/, das sowohl Superlativ wie ein obliquer Kasus sein kann. Nicht selten sind Abkürzungen wie π$^{οῖ}_γ$ für ποιεῖ usw., λ$^?$ für λόγου, χρ$\overset{æ}{o}$ für χρόνον u.ä.m. Daher erklären sich die überaus häufigen Verwechslungen von μόνον (μ$^ο_γ$) und μέσον (μ$^ί_γ$), die auch in M begegnen. Häufig verwechselt ist auch περὶ und παρά. Neben Schreibungen wie οὐ δὲ μία oder οὐδὲ μία für οὐδεμία, die aus anderen Hss bekannt sind, hat S immer die Form γίνεσθαι, das reflexive αὐτοῦ usw. hat nie den Spiritus asper, für λακεδαίμονι schreibt S immer λακεδαίμοσι, meist steht ὑγεία für ὑγίεια, ἀνδρία für ἀνδρεία, οὐδεὶς usw. für οὐθεὶς usw. Apostrophierung kommt — ähnlich in M — viel seltener vor als in den übrigen Politikhss. Am Ende der Hs fehlt wie in M πεπονθέναι—πρέπον 42 b 32-34. S hat viele Auslassungen, einige Lücken und Doppelschreibungen, aus denen sich ersehen lässt, dass die Vorlage etwa 41-43 Buchstaben durchschnittlich auf der Zeile hatte. Aus der Art der Abkürzungen und Verlesungen — μ zu β, ευ zu α, ἄξιος zu ἔξιος lässt sich auf eine Vorlage aus dem 13. Jahrhundert schliessen. [1]

V = codex Vaticanus graecus 1298. Die Hs besteht aus 2 Bänden und enthält Schriften des Redners Aristeides mit Scholien aus dem 15. Jahrhundert. Am Ende des 2. Bandes entdeckte Angelo Mai 12 Palimpsestblätter, auf denen Fragmente der aristotelischen Politik stehen. [2] Heylbut hat als erster die Blätter kollationiert und ihre Lage im Aristeideskodex mitgeteilt. [3] Es handelt sich um folgende Blätter mit folgenden Fragmenten:

Fragment I:
fol. 306 enthält 75 a 13 τοιαύτης — 75 b 33 οἰκη(σάντων).

---

[1] Bibl. Univer. Leid., Cod. mscr. II (1910), Scaligerani, 7.
[2] Mai 584.
[3] Heylbut 102-106.

Fragment II,

    fol. 310: 76 b 17 καὶ — 77 b 1 τεχνίτης.

Fragment III,

    fol. 338: 78 a 24 τῶν — 79 a 7 γυμναζομένων.

    fol. 309: 79 a 8 εἰς — 79 b 30 ἄλλην ἀ(πορίαν).

    fol. 339: 79 b 31 (ἀ)πορίαν — 80 b 15 κοριν(θίων).

    fol. 301: 80 b 15 (κοριν)θίων — 81 a 37 ὀλιγαρχικὸς.

Fragment IV,

    fol. 337: 86 b 17 ἐκ δὲ — 87 a 38 ἐπήρειαν.

    fol. 303: 87 a 38 καὶ prius — 88 a 17 ὥσθ' ὑ(περέχειν).

    fol. 302: 88 a 17 (ὑ)περέχειν — 88 b 37 τὴν ἀ(ρίστην).

Fragment V,

    fol. 305: 90 a 36 ὁμοίοις — 91 a 19 γεωργῶν.

    fol. 304: 91 a 19 τὸ δὲ — 91 b 40 βρα(χέων).

    fol. 330: 91 b 40 (βρα)χέων- 92 b 20 νόμοι.

Mithilfe der Angaben Heylbuts über die Lage der Blätter lässt sich anhand des aristotelischen Textes die Form der einstigen Pergamenths ermitteln. Sie war in Quaternionen beschrieben, wovon zwei Hefte unvollständig erhalten blieben. Zwischen den beiden Quaternionen, deren Reste erhalten sind, ist ein ganzes Heft verlorengegangen. Die erhaltenen Hefte sahen ursprünglich wie folgt aus:

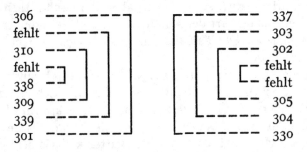

Bei der Gleichmässigkeit der Schrift kann mit grosser Sicherheit folgende Berechnung angestellt werden: Enthielt die Hs die Politik in der bekannten Form, so sind nach den Fragmenten genau 64 Seiten = 32 Blätter = 4 Hefte verlorengegangen. Vor dem ersten Fragment fehlen 56 Seiten = 28 Blätter = 3 Hefte + 4 Blätter. Waren alle Hefte gleichgross, so hat die Hs vor der Politik noch andere Schriften enthalten, da sonst die ersten 8 Seiten nicht beschrieben gewesen wären, nämlich die zu einer Quaternio fehlenden. Nolhac [1]) hat in seinem Buch über die Bibliothek des Fulvio Orsini mitgeteilt, dass dieser Aristeideskodex Vat. gr. 1298 einst zur Bibliothek des Fulvio Orsini gehörte, der ihn von Torquato Bembo aus der Bibliothek dessen Vaters erworben hatte. Bevor die Hs Bembo gehörte, war sie im Besitz eines Nicolò Leonico Tomeo — ein Schüler des Demetrios Chalkondylas —, dessen Vater nach Italien ausgewandert war. [2])

Die Blätter zeigen eine gleichmässig gemalte Schrift mit leichter Neigung nach links. Worttrennung ist nirgends festzustellen. Akzente und Spiritus sind sehr selten. Gelegentlich begegnet ein Iota adscriptum. Das Ny paragogicum ist meistens gesetzt. Oft bezeichnet ein Punkt in halber Zeilenhöhe oder ein kleiner freier Raum das Ende eines Satzes oder einer Sinneinheit. Daneben hat die Hs freigelassene Stellen ohne Textausfall, deren Grund oder Zweck zunächst nicht ersichtlich ist. Manchmal finden sich solche Lücken mitten in einem Wort. Abgekürzt sind nur die sog. Nomina sacra und gelegentlich καὶ, häufig sind Ligaturen. Die scriptio continua ist so konsequent durchgeführt, dass der letzte Buchstabe eines Wortes mit dem ersten des folgenden Wortes wennmöglich in Ligatur geschrieben ist. An der Schrift ist deutlich zu erkennen, dass der Schreiber jeweils Buchstabengruppen zusammen las und abmalte, ohne dabei auf den Sinn des Textes zu achten. Die Abfassung der in sehr schöner ,,Perlschrift'' geschriebenen Hs lässt sich mit grosser Sicherheit um 950 festsetzen. Bei dem Abmalen sind dem Schreiber verhältnismässig viele Fehler unterlaufen. So ist mindestens verlesen:

ι zu η 6 mal,	η zu ι 1 mal,	ι zu ει 5 mal,
ει zu ι 8 mal,	ει zu η 2 mal,	η zu ει 3 mal,
αι zu ε 2 mal,	ε zu αι 2 mal,	ω zu ο 1 mal,
ο zu ω 1 mal.		

Lediglich die Verlesung οι zu ι u.ä. fehlt. Neben diesen akustischen Verwechslungen von Buchstaben kommen in V Fehler vor, die auf gleiches oder ähnliches Aussehen der Buchstaben zurückzuführen sind. So sind verlesen: Γ zu Ν, Μ zu Π, Λ zu Ρ, Ι zu Ν,

---

[1]) Nolhac 171. 184.

[2]) Nicolò Leonico Tomeo (Thomaeus Nicolaus Leonicus) lehrte als Professor in Padua, wo er im Jahre 1533 als Fünfundziebzigjähriger starb. Er ist besonders durch seine Übersetzungen des Aristoteles, Proklos und Michael von Ephesos hervorgetreten. Die Hs (Vat. gr. 1298) hat wohl sein Vater nach Italien mitgebracht (Vergl. Jöcher s.n. Thomaeus).

O zu E, N zu I, Π zu T und weiter: α zu υ, ν zu σ, ρ zu ο, ο zu ρ, ο zu α, ου zu ο, καί zu κ. Einmal ist Lambda zu Alpha verlesen (90 b 8 ΑΛΛ zu ΑΛΑ). Ausserdem kommen folgende Verlesungen vor: ΑΛΛ zu ΑΛ (88 b 14), ΑΛΛ zu ΑΛ (91 a 18), ΑΛ zu ΑΛΛ (90 b 40). Haplographie von ο begegnet 91 a 34, von τ 88 b 13. Eine auffallende Verlesung ist ὀλίγων zu ὄντων (79 a 34), die besonders leicht in einer nach rechts geneigten Unziale vorkommt. Neben diesen Verlesungen hat V eine Menge von Auslassungen oder Doppelschreibungen. Diese hohe Fehlerzahl in einem so kurzen Stück, das nur etwa ein Zehntel der Politik überliefert, ist wohl auf die grossen Schwierigkeiten zurückzuführen, die der Schreiber hatte. Auch die etwas verkrampft wirkende Neigung der Schrift nach links scheint darauf hinzudeuten. Mit einer Ausnahme (91 b 36) [1]) sind alle Verlesungen entweder typisch unzial — Verwechslung von Alpha und Lambda, Verlesung ΟΛΙΓΩΝ zu ΟΝΤΩΝ u.a. — oder auch in der Unziale möglich. Daraus lässt sich mit hoher Wahrscheinlichkeit schliessen, dass die Vorlage für V ein Maiuskelkodex war. Die Untersuchung der Textauslassungen und Doppelschreibungen wird es vollends beweisen. Zwei Textauslassungen geschahen am Zeilenende und umfassen nur wenige Buchstaben (75 a 39, 91 a 5). Der erste Ausfall wurde durch ein Homoioteleuton begünstigt und vom Schreiber zu verbessern versucht. Zweimal ist jeweils ein Wort doppelt geschrieben, vielleicht mitgeschriebene Kustoden (75 b 29, 91 b 4). Ausser den erwähnten bleiben folgende Doppelschreibungen und Auslassungen:

Doppelt geschrieben ist ohne Homoioteleuton:

75 b 24 επι πλεον ζητουσιν οιον	= 20 Buchstaben
91 b 12 και δυο πολιτειαι δοκουσι	= 23 Buchstaben

Doppelt geschrieben ist mit Homoioteleuton:

88 a 14 τον κατ αξιαν διανεμον	= 19 Buchstaben
88 a 31 ταισ πολεσιν η συμφερει	= 20 Buchstaben

Ausgefallen ist ohne Homoioteleuton:

77 a 29 νετα ομοιωσ· επει	= 14 Buchstaben
90 b 21 πλειουσ και δι ην αιτιαν	= 20 Buchstaben

---

[1]) 91 b 36 hat V statt der Lesung κοινωνούντων der übrigen Textzeugen die Lesart κρινωνουντων. Das kann aber ein Versehen des Schreibers von V sein, das in der Schrift von V deshalb leicht möglich ist, weil das ρ aus einem ο besteht, an das links unten ein leicht geneigter Strich angehängt wird.

Ausgefallen ist mit Homoioteleuton:

76 b 29 κοινωνια δ(ε) εστιν	= 14/15 Buchstaben
79 a 26 σημαινει ταυτον πολιτευμα	= 23 Buchstaben
86 b 34 βασιλεα τον τοιουτον	= 18 Buchstaben
92 b 9 ταισ δημοκρατιαισ	= 18 Buchstaben

In sechs Fällen liegt die Anzahl der ausgefallenen oder doppelt geschriebenen Buchstaben zwischen 18 und 20. Zweimal ist die Buchstabenanzahl geringer (14/15), jedoch kommen in diesen Fällen ein oder mehrere breite Buchstaben (z.B. Omega) vor und auch Lücken, wohl um das Ende einer Sinneinheit zu bezeichnen. Zweimal beträgt die Buchstabenanzahl 23, wobei jedoch jeweils mehrere schmale Buchstaben (z.B. Iota, Tau) vorkommen. Demnach würden in allen zehn Fällen die betroffenen Textstücke in einer unzialen Handschrift ziemlich genau den gleichen Raum einnehmen. Dieser Tatbestand lässt den Schluss zu, dass es sich bei diesen Textstücken jeweils um den Umfang einer Zeile handelt. Dass in sechs Fällen Ausfall oder Doppelung durch Homoioteleuton begünstigt wurde, widerspricht diesem Schluss nicht.

Werden alle Merkmale von V zusammengefasst, so kann mit Sicherheit festgestellt werden: Die Vorlage war ein Maiuskelkodex, der durchschnittlich 18 bis 20 Buchstaben auf der Zeile hatte. Der Schreiber versuchte bei der Umschrift in die Minuskel, die äussere Form seiner Vorlage nachzuahmen. Es scheint, dass einer Zeile von V (etwa 40/42 Buchstaben) jeweils zwei Unzialzeilen entsprechen. Eine genaue Planung des Schreibers zeigt sich auch daran, dass er die letzte Zeile des dritten Buches der Politik unter das vollgeschriebene Blatt setzte, um das vierte Buch mit einer neuen Seite beginnen zu lassen. Ebenso begann das dritte Buch, wie sich leicht errechnen lässt — es fehlt nur der genau eine Seite füllende Anfang —, mit einer neuen Seite. Weil der Schreiber aber dabei in Raumschwierigkeiten kam, liess er manchmal, wie oben erwähnt, ein Stück frei oder setzte, wie am Ende des dritten Buches, den 32 Zeilen eine weitere hinzu. V hat ausserdem zwei Besonderheiten, für die keine sinnvolle Erklärung gefunden werden konnte: Am Ende des dritten Buches 88 b 6 fügt der Schreiber hinter dem letzten Wort σκέψιν die beiden Buchstaben ψε zu, so als gehörten sie zum Text. Auch wenn sie eine alte stichometrische Angabe sein sollten — als Zahlzeichen würden sie 705 bedeuten — wären sie unerklärlich. Zweitens lautet die Überschrift des vierten Buches

ΑΡΙΣΤΟΤΕΛΟΥΣ ΠΟΛΙΤΙΚΩΝ Γ, wobei jedoch auf dem linken
Rand — wie es scheint von der gleichen Hand — ein Δ gemalt ist. [1]

b) *Die griechisch-lateinischen Übersetzungen*

G = Translatio Guilelmi de Moerbeka, die Politikübersetzung
des flämischen Prämonstratensermönches Wilhelm von Moerbeke.
In seiner Ausgabe hat Susemihl die Hss ausführlich beschrieben. [2]
Susemihls Ausgabe ist etwas tendenziös, so dass gelegentlich
aus dem kritischen Apparat der originale Text der lateinischen
Übersetzung herzustellen ist. G. v. Hertling hat nachgewiesen,
dass diese Übersetzung um 1260 entstanden ist. [3] Da Wilhelm
von Moerbeke bestrebt ist, so genau wie möglich den griechischen
Text ins Lateinische zu übertragen, lässt sich unter Berücksichtigung der von den griechischen Hss überlieferten Textform fast
vollständig die griechische Vorlage rekonstruieren, die mit Γ bezeichnet wird. G ist somit neben dem vatikanischen Fragment V
der weitaus älteste Textzeuge für die Politik. G gibt den griechischen
Text getreu wieder. Die Wortstellung wird, soweit möglich, bei-
behalten. Die Partikeln werden alle übersetzt. Für griechische
Formen, die im Lateinischen keine Entsprechung haben, werden
verwandte Formen gebraucht. So wird der griechische Optativ
durch das lateinische Futur wiedergegeben. Nicht nachahmbare
Konstruktionen werden umschrieben, gelegentlich werden auch
griechische Wörter, die unübersetzbar sind, mit einem Satze para-
phrasiert. Dem Partizip Perfekt Passiv wird meist ein „est" beigefügt. Nur wo der griechische Text unverständlich oder lückenhaft
ist, versucht sich der Übersetzer mit meist recht unglücklichen
Konjekturen und Ergänzungen. Die Benutzung von G als Textzeuge
wird dadurch erschwert, dass nicht immer das gleiche griechische
Wort durch das gleiche lateinische wiedergegeben, sondern oft beim
Übersetzen die Bedeutung des griechischen Wortes an der betref-
fenden Stelle berücksichtigt wird. Umgekehrt werden griechische
Wörter verwandter Bedeutung oft durch das gleiche lateinische
Wort wiedergegeben. Hinzu kommen die Schwierigkeiten, welche
die zahlreichen griechischen Partikeln und Konjunktionen bereiten.
So wird ἄν und δή mit "utique" übersetzt, andererseits οἷον mit

---

[1] Immischs Angaben sind teilweise ungenau oder unrichtig (Immisch X f.).
[2] Susemihl XXXIV-XLIII.
[3] Hertling 30 f.

„puta" oder "ut", ὥσπερ und καθάπερ mit "quemadmodum".
Wie es scheint wird γε nie und τε selten übersetzt.
G ist jedoch nicht die älteste lateinische Übersetzung der Politik.
Pelster hat im Politikkommentar Alberts des Grossen die Benutzung
einer zweiten, älteren Übersetzung nachgewiesen. ¹) Hss, die diese
ältere Übersetzung überliefern, verzeichnet Lacombe ²). Sie ist in
drei Hss überliefert, im cod. Par. lat. 6458, in Biblioth. Hoferiana
Typ. 233 H, Harvard ³), sorgfältig nach G verbessert, und fragmentarisch im cod. Chig. E VII, 225, Vatikan. Sie umfasst jedoch nur
das erste Buch der Politik und das zweite bis 73 a 30 καὶ τοὺς
στρατηγούς („et duces exercitus"). Diese „translatio imperfecta"
wird entsprechend der Übersetzung G mit g bezeichnet, ihre griechische Vorlage mit γ. g unterscheidet sich von G vor allem dadurch,
dass der Übersetzer offensichtlich weitaus grössere Schwierigkeiten
hat. Sehr oft sind griechische Wörter völlig unpassend übersetzt,
griechische Konstruktionen missverstanden. Wo der Übersetzer sich
nicht mehr zu helfen weiss, latinisiert er das griechische Wort
— z.B. wird χρηματιστικὴ zu „crimatistica" — oder setzt die griechischen Buchstaben einfach in lateinische um, z.B. περίζυξ ὢν zu
„perizixon". Der Wortschatz und der Übersetzungsstil deckt sich
im grossen und ganzen mit dem von G. Schon Pelster (63) hat
nachgewiesen, dass Wilhelm von Moerbeke diese Übersetzung zu
seiner späteren benutzt hat. Als Entstehungszeit ergibt sich aus
den Zitaten in den lateinischen Kommentaren etwa die gleiche
Zeit wie für G. Wahrscheinlich stellt g den ersten Übersetzungs-
versuch des Wilhelm dar, wobei er erst allmählich Übung in der
Bewältigung der schweren Übersetzungsarbeit gewann. Tatsächlich
ist auch festzustellen, dass g gegen Ende griechische Wörter, die
vorher unübersetzt geblieben waren, plötzlich übersetzt und gelegentlich griechische Ausdrücke, die zuvor wortgetreu aber holprig
wiedergegeben waren, etwas gewandter umschreibt. Als Grund für
die Bruchstückhaftigkeit von g darf wohl der angenommen werden,
der hinter der Hs des Vatikan, die nur wenige Jahrzehnte nach

---

¹) Pelster 58 f.
²) Lacombe I 243, cod. 16 (New York), II 19, cod. 584 (Paris), II 1178,
cod. 1749 (Vatikan).
³) Dass diese Hs jetzt die Bezeichnung Typ. 233 H, Harvard, Bibliotheca
Hoferiana trägt, teilte freundlicherweise Herr Dr. P. Michaud-Quantin
(Paris) mit, der für den Aristoteles Latinus diese älteste Übersetzung herausgegeben hat. Vgl. o.S. X.

der Entstehung von g geschrieben wurde, angegeben wird: „reliqua huius operis in graeco nondum inveni". [1])

---

[1]) Dass die Hss von G den gleichen Satz an das Ende des VIII. Buches anhängen, muss diesem Schluss nicht widersprechen, denn der Satz könnte gedankenlos übernommen sein. Die nach Susemihls Meinung beste Hs a trägt ausserdem die Überschrift: „Incipit liber aristotelis politicorum a fratre Guillielmi ordinis praedicatorum de graeco in latinum translatus" und die Unterschrift: „Huc usque trastulit inmediate de graeco in latinum frater Guilelmus de ordine fratrum praedicatorum. Residuum autem huius operis in graeco nondum invenit."

KAPITEL II

DER „CODEX UNICUS" UND DIE EINTEILUNG DER HSS IN FAMILIEN

Angesichts der grossen Verschiedenheit in der Textform der einzelnen Hss, die zur Debatte über die „richtige" Textform geführt hat [1]), ist die Frage berechtigt, ob sich die Hss überhaupt auf eine einzige Hs des Mittelalters zurückführen lassen. Zu dieser Untersuchung sollen zunächst nur die Textzeugen herangezogen werden, die Susemihl bereits verwandte, nämlich A, B, M, P und G (Γ). Dass diese Textzeugen tatsächlich auf einen codex unicus zurückgehen, zeigen Lücken, die allen gemeinsam sind, sowie Verderbnisse, die durch Emendationen bereits eindeutig geheilt wurden: 34 b 4 fehlt der Hauptsatz zu einem mit ἐπεί eingeleiteten Nebensatz. Auch die Worte, mit denen der Text wieder einsetzt — καὶ ὅτι δι' αὐτήν, φανερὸν ἐκ τούτων — zeigen eine Lücke an. [2]) 77 a 15 haben πολιτικὸν alle Hss, Congreve hat zu πολίτην οὐκ berichtigt. 77 a 26 war ein von Jackson wieder hergestelltes δοκεῖ που zu δοκίμου in den Hss verlesen [3]) und 77 a 30 ein von Bernays emendiertes ἄμφω ἕτερα zu ἀμφότερα. In allen Hss steht 53 b 10 τεκνοποιητική. Dies ist nach den Lexika die einzige Stelle in der griechischen Literatur, an der dieses Wort vorkommt. Das Kompendium der Politik bei Stobaios [4]) hat anstelle des τεκνοποιητική richtig πατρική, wie es in der Politik selbst 59 a 38 steht. Es handelt sich also auch an dieser Stelle um einen gemeinsamen Fehler aller Hss.

Susemihl hat die Textzeugen in zwei Familien wie folgt eingeteilt:

---

[1]) Die sich widersprechenden Meinungen der verschiedenen Gelehrten über die Qualität der beiden Familien wurden bereits oben in der Einleitung ausführlich dargestellt.

[2]) Als erster entdeckte Camerarius diese Lücke.

[3]) Das Wort δόκιμος kommt nach Bonitz ausser an dieser Stelle nur noch in der Schrift De Mundo vor, ist also Aristoteles völlig fremd. Die Unzialverlesung von ΔΟΚΕΙΠΟΥ zu ΔΟΚΙΜΟΥ ist sehr leicht möglich. Die richtige Lesart war schon Michael von Ephesos bekannt, denn in seinem Kommentar heisst es zu dieser Stelle: καὶ πολίτου δοκεῖ αὕτη ἀρετὴ εἶναι (Immisch·303, 38). Vergl. S. 27 dieser Arbeit.

[4]) Stobaios, Wachsmuth II 149, 10 f.

$\Pi^1 = \Gamma\,M\,P$ und $\Pi^2 = A\,B$. Aus Textauslassungen bzw.-ein-schüben und aus Verschiedenheiten in der Textform, die jeweils allen Textzeugen einer Familie gemeinsam sind, ergibt sich eine klare Scheidung in der von Susemihl angegebenen Form. Einige Beispiele sollen es zeigen:

	Π^1	Π^2
75 a 11	om.	καὶ γὰρ ταῦτα τούτοις ὑπάρχει
75 a 28 f.	om.	καίτοι γελοῖον — ἀρχῆς
77 a 23	τοῦ δυναμένου ἄρχειν μόνου	om.
78 b 1 f.	om.	ἐκ τῶν εἰρημένων
92 b 30 f.	διὸ — μετέχειν	om.
01 a 30 f.	ὅτι γὰρ — εἶναι	om.
07 b 32/34	παραδυομένη — λαν-θάνει γὰρ	om.
31 a 21/23	om.	δῆλον — φυλακτηρίοις
61 b 2/4	τοῦτο δὲ μιμεῖται τὸ ἐν μέρει τοὺς ἴσους εἴκειν τὸ δ' ὡς ὁμοίους εἶναι ἐξ ἀρχῆς	ἐν τούτοις δὲ μιμεῖσθαι τὸ ἐν μέρει τοὺς ἴσους οἰκεῖν ὁμοίους ἐξ ἀρχῆς
69 a 11	γράφειν	γραφῆναι
77 b 23	λάλος	ἄλλος
81 a 17	δεῖ	χρὴ
82 b 5	διορίσαι	δηλῶσαι
85 b 16	αἱ πάτριοι οὐσίαι	θυσίαι
88 a 13	πολιτικὸν	πολεμικὸν
42 b 32	διάνοιαν	παιδείαν, οἷον

Ausserdem unterscheiden sich die beiden Hss-Familien sehr häufig in der Wortstellung, so z.B. an folgenden Stellen des VIII. Buches: 37 a 24, 37 b 12, 37 b 20, 37 b 21, 38 a 25, 38 a 40, 38 b 4 f., 38 b 26 f., 39 a 15, 39 a 18 f., 39 a 39, 39 b 24, 40 a 14, 40 b 8 f., 40 b 29 f., 41 a 24, 41 b 20. Von einer grossen Anzahl weiterer Verschiedenheiten zwischen den Familien wird später die Rede sein.

KAPITEL III

DAS VERHÄLTNIS DER HS V ZU DEN FAMILIEN
Π^1 UND Π^2

Als ältester Textzeuge wird V Klarheit bringen in die Überlieferungsverhältnisse und wohl auch in der Frage, ob Π^1 oder Π^2 den
besseren Text bietet. [1]) Immisch [2]) vertrat die Meinung, V stelle
eine eigene Tradition dar, die entstanden sei vor der Trennung in Π^1
und Π^2. Bei der geringen Textmasse, die V bietet, muss jede Ab-
weichung untersucht werden. In den nun folgenden Listen bedeutet
ein + hinter einer Lesart „richtig", ein — „falsch" und ein o
„unwichtig, bzw. nicht zu entscheiden".

a) *Lesungen, die V mit Π^1 gegen Π^2 gemeinsam hat*

	V Π^1			Π^2	
75 a 17	ἀτελεῖς	+ Γ M P		ἀτελεῖν	— A B
75 a 27	ἂν φαίη	+ ΓΡ ἂν om. M		ἀντιφαίη	— A B
75 b 32	ἦσαν	+ Γ M P		ἦσαν ἂν	— A B
76 b 35 f.	οὐ μὴν	— M pr. P		οὐ μὴν ἀλλὰ	+ A B Γ
78 b 20 f.	om.	+ Γ M P		οὐκ ἔλαττον	— A B
78 b 24	ut editores	+ Γ M P		καὶ συνέχουσι-κοινωνίαν	
				post 26 μόριον	— A B
79 a 25	τὸ πολίτευμα	+ Γ?M P		πολίτευμα	— A B
80 b 1	om.	+ Γ M P		τοῦ	— A B
80 b 4	ἕξει	+ Γ M P		ἕξειν	— A B
80 b 34	τελέας	o Γ?M P		τελείας	o A B
86 b 31	om.	— Γ M P		καὶ ante κατὰ	+ A B

---

[1]) Susemihl spricht V jede Bedeutung als Schiedsrichter zwischen den
beiden Familien ab, wenn er schreibt (Susemihl Jahrb. 804): „und für die
frage, ob Π^2 oder Π^1 durchschnittlich den besseren text gibt, ist es folglich
auch nicht von der allergeringsten bedeutung".

[2]) Immisch versucht nachzuweisen, dass H und V Vertreter der gleichen
Rezension darstellen und vor oder zwischen Π^1 und Π^2 liegen (Immisch
X ff.). In seinem notarum index (Immisch XLIII) setzt er bei der Aufzählung der Hss hinter V und H (bei ihm V^m und H^a) jeweils den Vermerk
„memoriae nondum in rec. Π^1 et Π^2 diductae."

	V Π¹		Π²	
87 a 23	ὁμοίων	+ Γ M P	ὁμοίως	— A B
87 a 34	γράμμα	— M P	γράμματα	+ A B
	„litteras" G			
87 b 6	ὥστ' εἰ	+ Γ M P	ὥστε	— A B
87 b 17	γε	o Γ?M P	om.	o A B
87 b 18	ut editores	+ Γ M P	ὡς οὐκ ἂν—κρίνειεν	
			ante 17 ἐπεὶ	— A B
87 b 26	τ'	+ Γ M P	δ'	— A B
87 b 41	τὰ παρὰ	— Γ M P	παρὰ	+ A B
88 a 13	πέφυκε	+ Γ M P	πέφυκε καὶ ἕν	— A B
88 a 13	πολιτικὸν	— Γ M P	πολεμικὸν	+ A B
88 a 23	πάντη	+ Γ M P	πάντες	— A B
88 b 16	ἔργον	+ Γ M P	om.	— A B
88 b 27	ἀγαθὸν	+ Γ M P	om.	— A B
90 a 32 f.	ut editores	+ Γ M P	οὐδ'—τῆς πολιτείας	
			post 37 τούτους	— A
			post 39 προσαγορ.	— B
90 b 19	ὀλιγαρχία	+ Γ M P	ὀλιγαρχίαι	— A B
91 a 29	οὐδὲν γὰρ	— M P	οὐθὲν	+ A B
	(ουθεν γαρ V)			
	„nihil enim" G			
91 a 39	κρινοῦν	— P	κρίνον	— A B
	„communicat" G =			
	κοινοῦν (Γ) =			
	Verlesung aus κρινοῦν			
	κινοῦν M =			
	Verlesung aus κοινοῦν			
91 b 6	ἀρχὰς	+ Γ M P	om.	— pr. A B
92 a 3	ταλλαμενειναι — V		τὸ πᾶσι μετεῖναι	+ A B
	„alia quidem esse" G			
	τὸ πᾶσι in ras.			
	scriptum et μετ			
	supra lineam P			
	(92 a 1 τὸ μετέχειν —			
	— 4 δημοκρατίας om. M)			
92 a 29	πρόσκλησιν	— Γ M pr. P	πρόκλησιν	+ A B
29 b 1	μακρῶν	+ Γ M P	μικρῶν	— A B
92 b 14	ἔθος	+ Γ M P	ἦθος	— A B

b) *Lesungen, die V mit Π² gegen Π¹ gemeinsam hat*

	V Π²			Π¹	
75 a 28 f.	καίτοι—ἀρχῆς	+	A B	om.	— Γ M P
75 b 16	βούλεσθαι	—	A B	βουλεύεσθαι	+ Γ M P
75 b 17	περὶ τινῶν	+	A B Γ	τινῶν	— M P
76 b 20	κοινωνῶν	+	A B	κοινῶν	— Γ M P
76 b 33 f.	om.	— pr.	A B M	τὸν δ'- τελείαν	+ Γ P
76 b 39	αὐτὸν	o	A B	ἑαυτὸν	o M P
76 b 40	ἐπεὶ δὲ	+	A B	ἐπειδὴ	— Γ M
				ἐπειδὴ δὲ P	
77 a 1	μία ἀρετή	+	A B	ἀρετὴ μία	— Γ M P
77 a 12	ἁπλῶς	+	A B	om.	— Γ M P
77 a 15	ἀγαθὸν εἶναι	+	A B	εἶναι ἀγαθὸν	— Γ M P
77 a 19	κομψ'	o	A B	κομψὰ	o M P
77 a 20	δὲ	+	A B	δὴ	— Γ M P
77 a 20	ἀρετὴ	+	A B	om.	— Γ M P
77 a 22	ἁπλῶς ἂν εἴη	+	A B	ἂν εἴη ἁπλῶς	— Γ M P
77 a 23	om.	+	A B	τοῦ δυναμένου	
				ἄρχειν μόνου	— Γ M P
77 a 24	ἴσως	+	A B	om.	— Γ M P
77 a 24	τυραννοῖ	+ corr.	A B	τυραννεῖ	— Γ M P
77 a 32	τοὐντεῦθεν	+	A B	κἀντεῦθεν	— Γ P
				κατένθεν	— M
78 b 1 f.	ἐκ τῶν εἰρημένων	+	A B	om.	— Γ M P
78 b 3	οὐ	+	A B	δ' οὐ	— Γ M P
78 b 17	δὴ	+	A B	δὲ	— Γ M P
78 b 19	ἄνθρωπος	+	A B	ὁ ἄνθρωπος	— M P
78 b 27	ὑπερβάλῃ	o	A B	ὑπερβάλλῃ	— Γ M
				ὑπερβάλλει	— P
78 b 30	γε	+	A B	om.	—(Γ)M P
78 b 40	ὥσπερ	+	A B	ὡς	— Γ M P
79 a 2 f.	ἕνα τῶν γυμναζο-			εἶναι τῶν γυμνα-	
	μένων ἐνίοτ' εἶναι	+	A B	ζομένων ἐνίοτε	— Γ M P
79 a 34	τῶν	+	A B	om.	— M P
79 b 15	τι	+	A B	om.	— Γ M P
79 b 22	ἢ	o	A B	εἴη	— M P
79 b 25	δόξειεν	o	A B	δόξειε	— M P
80 a 15	φαῦλοι κριταὶ	+	A B	κριταὶ φαῦλοι	— Γ M P

	V Π²			Π¹		
80 a 24	ἐλευθέριοι	o	A B	ἐλεύθεροι	o	P
	ελευθερόι (sic!)		V	ἐλευθερίη		M
				„secundum li-		
				bertatem" G		
80 a 29	εἰσενέγκαντα	o	A B	εἰσενέγκοντα	o	M P
80 a 31	μόνον ἕνεκεν	+	A B	ἕνεκεν μόνον	— Γ	M P
80 a 34	ἕνεκεν	o	A B	ἕνεκα	o	M P
80 b 2	ἅτεροι	+	A B	ἕτεροι	—	M P
80 b 5	πολιτικῆς	+	A B	om.	— Γ	M P
80 b 30	ἡ πόλις οὐκ ἔστι	+	A B	οὐκ ἔστιν ἡ πόλις	— Γ	M P
81 a 3	χάριν	+	A B	om.	— Γ	M P
81 a 17	χρὴ	+	A B	δεῖ	—	M P
81 a 24	δίκαιον ἄρχειν	+	A B	ἄρχειν δίκαιον	— Γ	M P
81 a 27 f.	πάντα φαῦλα	+	A B	φαῦλα πάντα	— Γ	M P
81 a 28	δίκαια	+	A B	σπουδαῖα	— Γ	M P
86 b 33	φυλάξαι	—	A B	φυλάξεται	—	M P
				„custodiet" G		
87 a 16	τοίνυν	+	A B	om.	— Γ	M P
87 a 25	παιδεύσας	+	A B	om.	— Γ	M P
87 a 31 f.	διαστρέφει καὶ τοὺς			καὶ τοὺς ἀρίστους		
	ἀρίστους ἄνδρας	+	A B	ἄνδρας διαφθεί-		
				ρει	— Γ	M P
87 b 19	ἐπειδὴ	+	A B	ἐπεὶ	—	M P
				„quoniam" G		
87 b 29	μόναρχοι	+	A B	μονάρχαι	— Γ	M P
87 b 38	δεσποτὸν	—	A B	δεσποτικὸν	— Γ	M P
87 b 38	καὶ ἄλλο βασιλευτὸν	+	A B	om.	— Γ	M P
88 a 6	ἤδη	+	A B	om.	— Γ	M P
88 a 13 f.	ἄρχεσθαι καὶ			ἄρχειν καὶ		
	ἄρχειν	+	A B	ἄρχεσθαι	— Γ	M P
88 a 15	ἀπόροις	—	A B	εὐπόροις	+ Γ	M P
88 a 16	τινὰ	+	A B	om.	— Γ	M P
88 a 29	τοῦτον	+	A B	om.	— Γ	M P
88 a 39	τῆς πόλεως τῆς			τῆς ἀρίστης		
	ἀρίστης	+	A B	πόλεως	— Γ	M P
88 b 19	ἐστὶ	+	A B	ἔτι	— Γ	M P
88 b 24	ἁρμόττουσα	o	A B	ἁρμόζουσα	o	M P
90 b 2	πολλούς	+	A B	πλείους	— Γ	M P

	V Π²				Π¹	
90 b 8	πλείονα μόρια	+	A B	μόρια πλείονα	— Γ M P
90 b 15	οἷον ἄν	+	A B	οἷον	— Γ M P
90 b 24	πᾶσαν ἔχειν	+	A B	ἔχειν πᾶσαν	— Γ M P
90 b 25	πρῶτον	+	A B	πρῶτον μὲν	— Γ M P
90 b 29 f.	μόνον, τούτων δ'			μόνων (μόνον P)	
	εἶεν διαφοραί	+	A B	δ' εἶεν διαφοραί	
				τούτων	— Γ M P
90 b 39	μερῶν	+	A B	μορίων	— M P
91 a 7	ἐστιν ἀναγκαῖον	+	A B	ἀναγκαῖόν ἐστιν	— Γ M P
91 a 21	ἁπτομένων	—	A B	ἁπτομένης	+ Γ M P
91 a 33	μόριον τῆς			τῆς πόλεως	
	πόλεως	+	A B	μόριον	— Γ M P
91 a 34	ὃ	+ Γ	A B	ὅπερ	— M P
91 a 39	βουλευόμενον	+	A B	βουλευσόμενον	— Γ M P
91 b 27	μὴ	+	A B	μὲν	— Γ M P
92 a 17	τοιοῦτος δῆμος	+	A B	δῆμος οὗτος	— Γ M P
92 b 5	εἰσίη	+	A B	εἷς εἴη	— Γ M P
92 b 9	εἴπαμεν	o	A B	εἴπομεν	— M P

Aus diesen Listen geht hervor, dass V in 32 Fällen mit Π¹ geht
und in 75 Fällen mit Π². Daraus ergibt sich jedoch noch nichts
über die Abhängigkeitsverhältnisse [1]). Immisch hat bereits auf
einen für die Zuordnung von V entscheidenden Fehler hingewiesen,
ohne den sich daraus ergebenden Schluss zu ziehen [2]):
91 b 38 ff. zählt Aristoteles die verschiedenen möglichen Formen
der Demokratie auf. In kurzem Abstand hintereinander steht das
Homoioteleuton ἄρχειν δὲ τὸν νόμον, ἕτερον δὲ εἶδος δημοκρατίας
(92 a 2 f. und 92 a 4). Durch dieses Homoioteleuton irregeführt,
geriet ein Abschreiber vom ersten ἄρχειν — δημοκρατίας auf das
zweite und fuhr statt mit τὸ πᾶσι μετεῖναι (92 a 3) mit dem später
folgenden τἄλλα μὲν εἶναι (92 a 4 f.) fort. Offenbar hat er aber
seinen Fehler bemerkt, denn er schrieb richtig weiter mit τῶν ἀρχῶν

---

[1]) Wie sich im Verlauf der vorliegenden Untersuchung zeigen wird, sind
die Überlieferungsverhältnisse der aristotelischen Politik ein Muster-
beispiel für die Unzulänglichkeit der Methode, die Ross p. VI der praefatio
seiner Ausgabe (Aristotelis Politica rec. Sir David Ross, Oxford 1957) noch
anwendet, wo er einfach abzählt, in wievielen Lesungen jeweils zwei Hss
miteinandergehen. Indem er so in den von V überlieferten Textstücken jede
Hs mit jeder vergleicht, meint er hinter die verwickelten Abhängigkeitsverhältnisse zu kommen.
[2]) Immisch XI f.

(92 a 3). In dieser Form steht der Fehler in V, ebenso stand er in Γ, wie sich das aus dem „alia quidem esse" von G an dieser Stelle ergibt. Auch P hatte den Fehler zunächst in dieser Form; der Schreiber verbesserte ihn jedoch, denn τὸ πᾶσι ist in einer Rasur und μετ über der Zeile geschrieben. In M ist durch ein Homoioteleuton das Stück 92 a 1 τὸ μετέχειν-92 a 4 δημοκρατίας ausgefallen, so dass sich dieser Fehler nicht nachweisen lässt. Aus der engen Verwandtschaft von M zu Γ und P lässt sich jedoch schliessen, dass er vor dem Ausfall in einer der Vorlagen von M stand. Aus diesem gemeinsamen mechanischen Fehler ergibt sich mit Notwendigkeit, dass die Textzeugen V Π¹ aus einer gemeinsamen Hs stammen. Somit ist auch zugleich bewiesen, dass V keine eigene Überlieferung vertritt (Immisch), sondern dem gleichen Archetypos entstammt wie Π¹ und Π². Weitere gemeinsame Fehler von V und Π¹ bestätigen das gewonnene Ergebnis und zeigen zugleich, dass der Text des Fragmentes eine einheitliche Überlieferung darstellt.

76 b 34 f. sagt Aristoteles als Ergebnis der voraufgegangenen Untersuchung, dass die ἀρετὴ eines πολίτου σπουδαίου nicht die ἀρετὴ eines ἀνδρὸς σπουδαίου sein müsse (= ὅτι-φανερόν). Er fährt fort οὐ μὴν ἀλλὰ καὶ κατ' ἄλλον τρόπον ἔστι ... ἐπελθεῖν τὸν αὐτὸν λόγον (76 b 35-37), „jedoch kann man auch auf eine andere Art das gleiche Problem angehen ...". Anschliesst sich eine Untersuchung κατ' ἄλλον τρόπον. In V Π¹ fehlt ἀλλά, so dass der Satz, mit οὐ μὴν = „jedoch nicht" das Gegenteil besagt.

86 b 22 ff. handelt Aristoteles über die Monarchie. Dabei erwähnt er die Möglichkeit, dass ein König καὶ κατὰ νόμον εἴη κύριος. καὶ, das hier den Unterschied zu der voraufgegangenen Möglichkeit betonen soll, fehlt in V Π¹.

87 a 34 ist γράμματα ἰατρεύεσθαι Π² zu γράμμα ἰατρεύεσθαι V Π¹ verlesen. Es muss aber der Plural stehen, weil es sich dabei um medizinische Handbücher handelt. Der Plural wird auch gleich durch ἐκ τῶν γραμμάτων θεραπείαν (87 a 40) gestützt. [1])

87 b 39-41 steht: τυραννικὸν δ' οὐκ ἔστι κατὰ φύσιν, οὐδὲ τῶν ἄλλων πολιτειῶν ὅσαι παρεκβάσεις εἰσί· ταῦτα γὰρ γίνεται παρὰ φύσιν. Statt παρὰ 87 b 41 steht τὰ παρὰ in V Π¹, was die Responsion von κατὰ φύσιν (87 b 39) und παρὰ φύσιν (87 b 41) zerstört und zugleich besagt, dass das Widernatürliche entstehe, was sinnlos ist.

---

[1]) 87 a 34 hat G „litteras". Daraus lässt sich jedoch nicht schliessen, dass in Γ γράμματα stand, denn Wilhelm von Moerbeke konnte wohl auch γράμμα mit litteras wiedergeben.

88 a 8 ff. definiert Aristoteles τὸ βασιλευτὸν und τὸ ἀριστοκρατικὸν und τὸ πολιτικὸν. Der Text ist in der überlieferten Form unverständlich. Keiner der bisher vorgenommenen Verbesserungsversuche befriedigt ¹). Am einfachsten klärt sich das Problem, wenn angenommen wird, dass hier folgende zwei Fassungen ineinander geschrieben wurden:

Fassung A	Fassung B
ἀριστοκρατικὸν δὲ πλῆθος	ἀριστοκρατικὸν δὲ πλῆθος ἄρχεσθαι
ὃ πέφυκε φέρειν τὴν τῶν	δυνάμενον ὑπὸ τῶν κατ' ἀρετὴν
ἐλευθέρων ἀρχήν·	ἡγεμονικῶν πρὸς πολιτικὴν ἀρχήν·
πολιτικὸν δὲ ἐν ᾧ πέφυκεν	πολιτικὸν δὲ πλῆθος δυνάμενον ἄρχεσ-
ἐγγίγνεσθαι πλῆθος πολεμι-	θαι καὶ ἄρχειν κατὰ νόμον τὸν κατ'
κόν.	ἀξίαν διανέμοντα τοῖς εὐπόροις (ἀπό-
	ροις) τὰς ἀρχάς.

88 a 13 haben πλῆθος πολιτικὸν V Π¹, während πλῆθος πολεμικὸν in Π² steht. Das erstere muss aber falsch sein, weil Aristoteles nicht bei der Definition eines Begriffes eben diesen Begriff verwenden kann. Der Fehler konnte leicht durch das πολιτικὸν in der Zeile vorher entstehen.

91 a 28 ff. steht: καὶ ταῦτ' εἴτε κεχωρισμένως ὑπάρχει τισὶν εἴτε τοῖς αὐτοῖς, οὐθὲν διαφέρει πρὸς τὸν λόγον Π². Hinter οὐθὲν 91 a 29 fügen γὰρ V Π¹ zu. Da eine andere Interpunktion nicht möglich ist, ist dieser Zusatz falsch.

92 a 29 steht πρόκλησιν von Π² πρόσκλησιν von V Π¹ gegenüber. Es ist an dieser Stelle jedoch nicht von einem Prozess die Rede, sondern von der Aufforderung (= πρόκλησις) der Demagogen an das Volk, den Beamten zustehende Entscheidungen selbst zu treffen. Nach Bonitzens Index Aristotelicus ist das Wort πρόσκλησις sonst nirgends belegt ²). Der Fehler kann durch eine Dittographie des Omikron und voraufgegangene Wörter, die auch als gerichtliche Termini verstanden werden konnten, entstanden sein.

Damit kann zunächst als Ergebnis der Untersuchung über das Verhältnis von V zu den beiden Hss-Familien festgestellt werden:

V und Π¹ gehen auf einen gemeinsamen Kodex zurück, der nicht identisch ist mit dem Archetypos der Gesamtüberlieferung.

Als ,,Gegenprobe" zu diesem Ergebnis sollen die Stellen untersucht werden, an denen V mit Π² gegen Π¹ geht. Da es sich bei

---

¹) Vergl. neben den Lösungen der Editoren v. Arnim 25. 73, Meister.
²) Nur in der 'Αθην. πολ. kommt es mehrfach vor.

den 75 Stellen oft um Fälle handelt, die zu einer Untersuchung
über Abhängigkeit nicht verwendet werden können, sollen nur
schwerwiegende Lesungen erörtert werden.

75 a 23 ff. steht: τῶν δ' ἀρχῶν αἱ μέν εἰσι διῃρημέναι κατὰ χρόνον,
ὥστ' ἐνίας μὲν ὅλως δὶς τὸν αὐτὸν οὐκ ἔξεστιν ἄρχειν, ἢ διά τινῶν ὡρισ-
μένων χρόνων· ὁ δ'ἀόριστος, οἷον ὁ δικαστὴς καὶ ἐκκλησιαστής. τάχα
μὲν οὖν ἂν φαίη τις οὐδ' ἄρχοντας εἶναι τοὺς τοιούτους, οὐδὲ μετέχειν
διὰ ταῦτ' ἀρχῆς· καίτοι γελοῖον τοὺς κυριωτάτους ἀποστερεῖν ἀρχῆς.
In Π¹ fehlt der Satz καίτοι γελοῖον τοὺς κυριωτάτους ἀποστερεῖν ἀρχῆς.
Damit entsteht folgender Sinn: Es spielt keine Rolle, ob ein Richter
oder Mitglied der Volksversammlung an einem Amt teilhat oder nicht,
was sinnlos ist. Der Ausfall erklärt sich durch das zweimalige ἀρχῆς.

75 b 16 ist βούλεσθαι von V Π² offensichtlich falsch, weil es die
Tätigkeit eines ἐκκλησιαστής, nämlich βουλεύεσθαι Π¹ bezeichnen
soll. Jedoch hat dieser gemeinsame Fehler keinerlei Beweiskraft,
da er unabhängig zugleich in mehreren Textzeugen entstehen kann,
zumal V gerade häufig in ähnliche Fehler verfällt, so hat V z.B.
ποτεια für πολιτεία (79 b 34), διουσ für δικαίους (80 b 12) u.ä.m.

77 a 23 bringt Π¹ zwischen μέντοι und πολίτου ein τοῦ δυναμένου
ἄρχειν μόνου, wobei es sich eindeutig um eine eingedrungene Glosse
zu τινὸς handelt. Schon syntaktisch kann dieser Zusatz an dieser
Stelle nicht stehen.

Als Ergebnis einer Untersuchung schreibt Aristoteles 78 a 40 ff.
πότερον μὲν οὖν ἑτέραν ἢ τὴν αὐτὴν θετέον, καθ' ἣν ἀνὴρ ἀγαθός ἐστι καὶ
πολίτης σπουδαῖος, δῆλον ἐκ τῶν εἰρημένων, und schliesst, mit ὅτι
eingeleitet, den Inhalt τῶν εἰρημένων an. Dieses ἐκ τῶν εἰρημένων
fehlt in Π¹, ein eindeutiger Ausfall.

80 b 5 f. steht: περὶ δ'ἀρετῆς καὶ κακίας πολιτικῆς διασκοποῦσιν
ὅσοι φροντίζουσιν εὐνομίας (V Π²). πολιτικῆς fehlt in Π¹. Dabei
dürfte die Lesart von V Π² die richtige sein, denn in diesem Zusammenhang kommt es Aristoteles nicht auf ἀρετή und κακία
schlechthin an, sondern gerade auf die ἀρετὴ καὶ κακία πολιτική.
Das kommt besonders deutlich im 4.Kapitel des 3.Buches (76 b 16 ff.)
zum Ausdruck, wo Aristoteles untersucht, ob die ἀρετή eines guten
Mannes und eines guten Bürgers die gleiche sei oder nicht. Dabei
schliesst er, dass sie nicht identisch sein müsse. ἀρετή ist demnach
nicht einfach ἀρετή und entsprechend κακία nicht immer gleich
κακία, so dass πολιτικῆς eine notwendige nähere Bestimmung zu
ἀρετῆς und κακίας ist.

81 a 14 ff. untersucht Aristoteles, ob auch Gewalttakte, von den

Staatsträgern ausgeführt, deshalb gerecht seien. 81 a 27 f. schliesst er ab mit: ταῦτα μὲν τοίνυν ὅτι πάντα φαῦλα καὶ οὐ δίκαια, φανερόν. Anstelle des δίκαια V Π² hat Π¹ σπουδαῖα, das offensichtlich unpassend und aus dem Gegensatz zu φαῦλα genommen ist.

86 b 32 f. sagt Aristoteles, dass ein König eine gewisse Macht brauche, ᾗ φυλάξει ¹) τοὺς νόμους = „mit der er die Gesetze schützt". V Π² haben φυλάξαι, eine einfache Verlesung des richtigen φυλάξει, während M P φυλάξεται („custodiet" G) haben, wodurch der Satz folgenden Sinn bekäme: Der König braucht eine Macht, um sich vor den Gesetzen zu hüten. Das φυλάξεται scheint eine Analogiebildung zu δυνήσεται (86 b 29) zu sein.

87 b 37 ff. heisst es: ἔστι γάρ τι φύσει δεσποστὸν καὶ ἄλλο βασιλευτὸν καὶ ἄλλο πολιτικὸν καὶ δίκαιον καὶ συμφέρον. Für δεσποστόν (87 b 38) ²) haben δεσποτόν V Π², δεσποτικόν Π¹. Die erste Lesung ist unmöglich, weil sie kein griechisches Wort ergibt. Die zweite ist auch falsch, weil Aristoteles Verfassungsformen aufzählt und neben βασιλευτὸν = „geeignet für eine Monarchie" und πολιτικόν = „geeignet für eine Politie" — beide Ausdrücke kehren unten wieder, wodurch ihre Richtigkeit bestätigt wird, — nicht δεσποτικόν = „herrisch" stehen kann. Vielmehr ist Sylburgs Emendation einzusetzen: δεσποστόν = „geeignet für eine despotische Regierungsform". Vermutlich stand im Archetypos durch den leicht möglichen Ausfall des Sigma nach einem Omikron ein falsches δεσποτόν, welches in Π¹ zu δεσποτικόν geändert wurde.

88 a 15 stehen sich folgende Varianten gegenüber: ἀπόροις V Π² und εὐπόροις Π¹. Über die Aufspaltung des Textes an dieser Stelle wurde oben (S. 21) schon gehandelt. Hier wird das πολιτικόν definiert, als eine Menge, fähig zu herrschen und beherrscht zu werden nach einem Gesetz, das in rechter Weise die Ämter zuteilt den ἀπόροις bzw. εὐπόροις. Nun entspricht aber das βασιλευτόν der βασιλεία, das ἀριστοκρατικόν der ἀριστοκρατία und das πολιτικόν der πολιτεία, deren παρέκβασις die δημοκρατία ist (79 b 5). Und zwar entsteht die δημοκρατία aus der πολιτεία, wenn die ἄποροι die Oberhand gewinnen, wie es aus dem Satz ἀλλ' ἔστι δημοκρατία μέν, ὅταν οἱ ἐλεύθεροι καὶ ἄποροι πλείους ὄντες κύριοι τῆς ἀρχῆς ὦσιν (90 b 17 f.) hervorgeht. Demnach gibt es keine πολιτεία mehr, wenn die ἄποροι

---

¹) Dass einige sog. Deteriores das richtige φυλάξει bieten, dürfte wohl eher auf eine gelungene Humanistenkonjektur als auf echte Überlieferung zurückzuführen sein.

²) Sylburg ist die Emendation δεσποστόν zu verdanken.

die Ämter innehaben, und deshalb ist hier εὐπόροις die richtige Lesart. Vermutlich hatte schon der Archetypos beide Lesarten, denn V, sonst frei von Marginalien, hat an dieser Stelle ein ὦ auf dem Rand, das zwar in dieser Form ὡραῖον bedeutet, aber leicht eine Verlesung aus ᴦᴾ = γράφεται sein kann. Jedenfalls ergibt sich auch aus dieser Stelle kein Widerspruch zu dem oben gewonnenen Ergebnis.

In dem Satz 91 a 19 ff. τὸ δὲ προπολεμοῦν οὐ πρότερον ἀποδίδωσι μέρος πρὶν ἢ τῆς χώρας αὐξομένης καὶ τῆς τῶν πλησίον ἁπτομένης εἰς πόλεμον καταστῶσιν haben V und Π² gemeinsam den offensichtlichen Fehler ἁπτομένων für ἁπτομένης. Aber auch diese Lesart entsteht leicht unabhängig in verschiedenen Hss, denn erstens verleitet der dreimal gleiche Klang von — ον (τῶν, πλησίον, πόλεμον) dazu und zweitens scheint das τῶν ein ἁπτομένων zu fordern.

Aus den bisher vorgelegten Lesungen ergibt sich kein Einwand gegen das Ergebnis, dass V und Π¹ genuin zusammengehören. Dabei wurde jedoch ein wichtiger Punkt zunächst beiseitegelassen: Die Verschiedenheit in der Wortstellung. In den von V überlieferten Textstücken haben die Familien Π¹ und Π² in 22 Fällen eine Verschiedenheit in der Stellung eines ganzen Satzes, eines Ausdruckes oder mehrerer Wörter. 3 mal sind in Π² ganze Sätze mechanisch aus dem syntaktischen Gefüge gerissen und an falscher Stelle eingeordnet (78 b 24, 87 b 18, 90 a 32). An diesen drei Stellen geht V mit Π¹. In einem weiteren Fall gehen V und Π¹ in der Stellung zusammen, denn beide haben ὁ νοῦς (87 a 32), während νοῦς ὁ Π² bietet. Welche der beiden Lesarten die richtige ist, kann kaum entschieden werden. Schon Julian [1]) hat die Wortstellung wie V Π¹. In den restlichen 18 Verschiedenheiten in der Stellung geht V ausnahmslos mit Π². Es handelt sich um folgende Stellen:

77 a 1, 77 a 15, 77 a 22, 79 a 2 f., 80 a 15, 80 a 31, 80 b 30, 81 a 24, 81 a 27 f., 81 a 31, 88 a 14, 88 a 39, 90 b 8, 90 b 24, 90 b 29, 91 a 7, 91 a 33, 92 a 17.

Es lässt sich kaum feststellen, in welchen Textzeugen nun die originale oder vielmehr die Wortstellung des Archetypos steht, und wo Umstellungen vorgenommen wurden. Aus der Tatsache aber, dass V und Π¹ genuin zusammengehören, ergibt sich mit Notwendigkeit, dass dort die originale Wortstellung überliefert wird, wo V mit Π² zusammengeht. Dass diese 18 Wortumstellungen

---

[1]) Julian, Brief an Themistios, 261 C.

auch tatsächlich in Π^1 vorgenommen wurden, wird eine spätere Untersuchung zeigen. Sie wird zugleich zeigen, dass viele kleine Änderungen, z.B. Ausfall oder Zusatz von Artikeln, Partikeln u.ä.m., überall dort in Π^1 geschahen, wo V mit Π^2 geht.

Damit ist die Untersuchung über V zunächst abgeschlossen. Wenn dieses Fragment auch textkritisch wertlos ist, so nimmt es doch eine Sonderstellung ein und ist in der Frage nach der richtigen Überlieferung von grosser Bedeutung.

KAPITEL IV

DAS VERHÄLTNIS DER HS H ZU V Π¹ Π²

Immisch, der H zum ersten Mal zu einer Ausgabe benutzte, räumte H ebenso wie V eine Sonderstellung ein und war der Ansicht, H und V bildeten eine eigene, von Π¹ und Π² unabhängige Tradition. Dass dies für V nicht zutrifft, wurde eben dargelegt. Ohne Schwierigkeit ergibt sich aus einigen Stellen, dass H nichts anderes darstellt als einen weiteren Vertreter von Π² neben den schon bekannten Hss A und B. An allen Stellen, mit denen S. 14 die Trennung der Textzeugen in Π¹ und Π² begründet wurde, geht H mit Π² gegen Π¹, d.h. an den Stellen, die nicht später liegen als 18 b 16, da hier der erste Teil von H zu Ende ist. Es handelt sich um die Stellen: 75 a 11, 75 a 28 f., 77 a 23, 78 b 1 f., 92 b 30 f., 01 a 30 ¹), 07 b 32-34 ¹) und 61 b 2-4 ²), 69 a 11, 77 b 23 ³), 81 a 17, 82 b 5, 85 b 16, 88 a 13. Damit ist die Zugehörigkeit von H zu Π² einwandfrei bewiesen. Für irgendein Verwandtschaftsverhältnis zu V gibt es keinerlei Hinweise.

Der grösste Teil der von Immisch angegebenen Sonderlesungen von H sind primitive Verschreibungen ⁴). Einige echte Varianten scheinen z.T. aus den Scholien in den Text eingedrungen zu sein. Die Entstehung von Sonderlesungen aus den Scholien zeigt z.B. lehrreich die Stelle 86 a 17, an der es heisst: τὸν λόγον τὸν καθόλου. Das Scholion zu dieser Stelle beginnt mit λόγον καθόλου τὸν νόμον λέγει . . . (Immisch 308, 5 f.) und H hat anstelle des sonst überlieferten λόγον ein νόμον im Text.

---

¹) 01 a 30 und 07 b 32-34 versucht der byzantinische Kommentator Michael von Ephesos die Lücken auszufüllen (Immisch 159 im kritischen Apparat und 319, 16-20).

²) 61 b 3 bietet H ὁμοίως gegenüber der Lesart ὁμοίους von Π², was eine leichte Verlesung ist.

³) 77 b 23 scheint H nicht ἄλλος (A B), sondern λάλος (Π¹) zu bieten, wie es Immisch im Apparat angibt. Zu lesen ist allerdings in der Hs nur λα. Der Rest ist durch einen Wasserfleck völlig unleserlich geworden.

⁴) Immisch XV.

Erwähnenswert sind folgende Sonderlesungen von H:

53 a 6	ἐραστής	H,	ἐπιθυμητής	cett.
62 b 16	διώκειν	H,	λέγειν	cett.
69 a 5	συγγενεῖς	H,	γηγενεῖς	cett.
86 a 17	νόμον	H,	λόγον	cett.
07 a 20	δοκοῦσι	H,	ζητοῦσι	cett.

87 b 15 fügt H hinter συμφράδμονες ein εἶεν hinzu und 88 b 6 (Ende des dritten Buches) hinter σκέψιν ein ἐπιεικῶς. Zu 55 a 8 νόμοις steht auf dem Rand ein γρ. λόγοις, zu 69 b 12 περὶ τὴν εἰλωτείαν ein γρ. καὶ περὶ τὴν πολιτείαν, zu 07 a 33 ἦσαν ἔχοντες ein γρ. εἶχον ἑκόντες, das Immisch sicher mit Recht in den Text aufgenommen hat, und zu 09 a 12 λόγους ein γρ. καὶ λόχους, das schon durch G bekannt war. Ausserdem bestätigt das Scholion zu 77 a 26 (καὶ πολίτου δοκεῖ αὕτη ἀρετὴ εἶναι) das mit Recht von Jackson aus dem verderbten δοκίμου der Hss emendierte δοκεῖ που (Immisch 303, 38) und das Scholion zu 01 b 27 οὐ μὴν bringt die Emendation, die schon Schneider gefunden hatte (Immisch 316, 16-18 und 25 f.). Somit ist H bei seiner Unzahl von Verlesungen und Fehlern durch einzelne Sonderlesungen ein wertvoller Textzeuge. Seine grösste Bedeutung gewinnt der Kodex durch die Reste des byzantinischen Politikkommentars.

KAPITEL V

DIE WORTSTELLUNG IN DER FAMILIE Π¹

Die Untersuchung über das Verhältnis von V zu den beiden Familien Π¹ und Π² hat auf die starke Verschiedenheit dieser Familien in der Wortstellung aufmerksam gemacht. Susemihl hielt sich in seiner Ausgabe, im Vertrauen auf G, das der Familie Π¹ angehört, an die Wortstellung von Π¹. Heylbut (107-110) versuchte anhand einiger Beispiele nachzuweisen, dass die Wortstellung von Π² die echt aristotelische sei. Seither halten sich die Herausgeber — Newman, Immisch u.a. — im allgemeinen an die Wortstellung von Π². Newman stellte bereits Untersuchungen an über den Gebrauch des Hyperbaton in den beiden Familien, ohne sich jedoch kritisch dazu zu äussern. [1]) In der nun folgenden Untersuchung über diesen Punkt wird Π¹ durch die Textzeugen G M P, Π² durch A B vertreten.

Werden einige Stellen, an denen die Wortstellung verschieden ist, kritisch verglichen, so fällt sofort auf, dass die Wortstellung in Π² freier ist als in Π¹, wo die Wortfolge logischer und syntaktisch „richtiger" abläuft, während doch der Stil des Aristoteles in seinen Schulschriften durch den mündlichen Vortrag gekennzeichnet ist, bei dem der Redende die den Gedanken tragenden Wörter zunächst ausspricht und die zur Konstruktion oder zur Differenzierung nötigen Wörter an das Ende einer Sinneinheit stellt. Ergibt sich schon aus diesem Tatbestand, dass Π² mit der freieren Wortstellung den Text in reinerer Überlieferung bietet, so zeigt ein weiteres Merkmal von Π¹, dass in dieser Familie die Wortstellung geändert wurde. Während nämlich A und B sich äusserst selten in der Wortstellung unterscheiden, sind in Π¹ die Stellen zahlreich, an denen nur ein Teil der Textzeugen eine veränderte Wortstellung hat oder alle eine von Π² verschiedene und doch nicht untereinander gleiche Wortstellung aufweisen, worüber weiter unten noch zu handeln sein wird. An einigen auffallenden Beispielen soll das eben Dar-

---

[1]) Newman III 579-581.

gelegte deutlich gemacht werden: Ein Teil der Umstellungen lässt sich in bestimmte Regeln zusammenfassen. Zweck der Umstellung ist in allen Fällen die Beseitigung eines Hyperbaton.

a) Ist ein Substantiv von einem zugehörigen Adjektiv oder Pronomen getrennt — meistens sperrt das Verbum —, so wird das Adjektiv oder Pronomen zum Substantiv gesetzt:

70 b 28 f.	κρίσεών εἰσι μεγάλων κύριοι	Π²
	κρίσεων μεγάλων εἰσὶ κύριοι	Π¹
73 b 36	νομοθέτην γενέσθαι σπουδαῖον	Π²
	γενέσθαι νομοθέτην σπουδαῖον	Π¹

Weitere Beispiele dieser Art begegnen: 76 a 26 (nur M P), 86 a 27, 89 b 29, 90 b 24, 97 b 29, 15 b 12, 20 b 12, 21 a 8, 23 b 17, 26 a 20 (nur M P), 35 a 38 u.a.m.

b) Ist ein Wort von dem Wort getrennt, von dem es abhängt, so werden die beiden Wörter zusammengestellt:

z.B. Verbum mit abhängigem Infinitiv oder Objekt:

09 b 38	ἐνδέχεται αὐτῶν εἶναι	Π²
	αὐτῶν ἐνδέχεται εἶναι	Π¹
24 a 21	προῃρήμεθα νῦν τὴν σκέψιν	Π²
	νῦν προῃρήμεθα τὴν σκέψιν	Π¹

Ebenso 57 b 8 (nur M P) u.a.m.

z.B. ein abhängiger Genetiv und das zugehörige Substantiv oder Pronomen:

76 b 7 f.	ἂν εἶδος ἕτερον ἢ τῆς συνθέσεως	Π²
	ἂν εἶδος ἕτερον τῆς συνθέσεως ἢ	Π¹
28 b 17 f.	ἐὰν δέ τι τυγχάνῃ τούτων ἐκλεῖπον	Π²
	ἐὰν δέ τι τούτων τυγχάνῃ ἐκλεῖπον	Π¹

Weitere Beispiele: 52 b 33 (nur M P), 74 b 6, 21 b 31, 31 b 4, 37 a 2, 40 b 29 f. u.a.

c) Darüber hinaus wurde das Hyperbaton in vielen Einzelfällen, die sich schwer zu Gruppen zusammenfassen lassen, beseitigt:

52 a 30 f.	ἄρχον δὲ φύσει καὶ ἀρχόμενον	Π²
	ἄρχον δὲ καὶ ἀρχόμενον φύσει	Π¹
53 a 7 f.	πολιτικὸν ὁ ἄνθρωπος ζῷον	Π²
	πολιτικὸν ζῷον ὁ ἄνθρωπος	Π¹
83 b 27 f.	φανερὸν ποιεῖν ὅτι	Π²
	ποιεῖν φανερὸν ὅτι	Π¹

87 a 31 f. ἄρχοντας διαστρέφει καὶ τοὺς ἀρίστους ἄνδρας   Π²
          ἄρχοντας καὶ τοὺς ἀρίστους ἄνδρας διαφθείρει   Π¹

28 a 34 f. ἐστὶν ἡ κτῆσις μέρος τῆς πόλεως   Π²
          ἡ κτῆσις μέρος τῆς πόλεώς ἐστιν   M P

34 b 39 f. ὑπολείπεσθαι ταῖς ἡλικίαις τὰ τέκνα τῶν πατέρων   Π²
          ὑπολείπεσθαι τὰ τέκνα ταῖς ἡλικίαις τῶν πατέρων   Π¹

77 a 15 ἀγαθὸν εἶναι καὶ φρόνιμον   Π²
          εἶναι ἀγαθὸν καὶ φρόνιμον   Π¹

d) Stand das Adjektiv unter Wiederholung des Artikels hinter dem Substantiv, so wurde es unter Verlust des Artikels vor das Substantiv gestellt:

60 b 23 f. περὶ τῆς πολιτείας τῆς ἀρίστης   Π²
          περὶ τῆς ἀρίστης πολιτείας   Π¹

Ebenso 61 a 6 (nur M P), 88 a 39, 31 a 5 u.a.m.

In all diesen Fällen wurde zur Beseitigung des Hyperbaton umgestellt. Dagegen gibt es Umstellungen, die andere Zwecke verfolgen:

a) Öfters ist in Analogie zu einem vorhergehenden Satzgefüge umgestellt, z.B. 65 b 27 f. (nur M P), 92 b 33, 96 b 13 u.a.m.

b) Auffallend sind Umstellungen, die vorgenommen wurden, um Ausdrücke in bestimmter logischer und ethischer Wertfolge hintereinander zu setzen.

So ist z.B. die Form ἄρχεσθαι — ἄρχειν Π² geändert zu ἄρχειν — ἄρχεσθαι 55 b 8 (nur M P), 77 b 14 f., 88 a 13 f.

53 a 11 ist die Folge λυπηροῦ — ἡδέος   Π²
          geändert zu ἡδέος — λυπηροῦ   Π¹

71 a 19 f. ist εἰ μὲν μὴ βέλτιον . . . ἢ βέλτιον   Π²
          geändert zu εἰ μὲν βέλτιον . . . ἢ μὴ βέλτιον   Π¹

83 a 16 f. steht εὐγενεῖς καὶ ἐλεύθεροι καὶ πλούσιοι in Π², während εὐγενεῖς καὶ πλούσιοι καὶ ἐλεύθεροι in Π¹ steht, wo demnach auf die Reihenfolge: ,,Geschlechtsadel, Geldadel, Freie" geachtet wurde. Ähnlich ist 94 a 22 ἀρχαῖος πλοῦτος καὶ ἀρετή Π² geändert zu ἀρετὴ καὶ πλοῦτος ἀρχαῖος Π¹, denn die ἀρετή steht wertmässig höher als der Reichtum. Weiter ist 02 b 31 δι᾽ ἀταξίαν καὶ ἀναρχίαν Π² zu δι᾽ ἀναρχίαν καὶ ἀταξίαν geändert (nur M P). Ebenso 31 b 41 τύχην ἢ φύσιν Π² zu φύσιν ἢ τύχην (nur ΓΡ) ¹).

---

¹) Schöll las in M richtig τύχην ἢ φύσιν (31 b 41). Weil M aber mit dieser Lesung von den übrigen Vertretern seiner Klasse abweicht, zweifelte Susemihl an Schölls Lesung und versah sie mit einem Fragezeichen, das Immisch in die Bemerkung verwandelte: ,,de Mᵃ non liquet". Vergl. dazu den Anhang der Arbeit.

Änderungen dieser Art sind häufig, oft aber nicht in allen Textzeugen durchgeführt oder vom Schreiber selbst nach einer anderen Hs verbessert, z.B.:

53 b 28 steht die Folge ἄψυχα — ἔμψυχα in Π² Γ Μ, während ἔμψυχα — ἄψυχα pr. P hat; ebenso steht 75 b 39 ἀδίκως ἢ δικαίως in Π² Γ Μ, in pr. P dagegen δικαίως ἢ ἀδίκως.

87 b 28 sind bei dem Ausdruck ποσὶ καὶ χερσὶν Π² noch die Spuren einer Umstellung zu χερσὶν καὶ ποσὶ in M P zu erkennen.

Die bisher angeführten Beispiele einer Wortumstellung in Π¹ sind nur ein Teil der gesamten Änderungen dieser Art. In vielen Fällen ist weder ein Grund noch ein Zweck des Umstellens ohne weiteres erkennbar. Darüber wird weiter unten zu handeln sein.

KAPITEL VI

WEITERE VERSCHIEDENHEITEN ZWISCHEN Π¹ UND Π²

Die überaus zahlreichen Fälle verschiedener Wortstellung zwischen den beiden Familien geben Anlass, den Text auch nach Unterschieden anderer Art zu durchforschen. Dabei zeigt sich rasch, dass die Wortstellung nur ein Teil der wesentlichen Unterschiede der Familien ist. Solche Unterschiede bestehen u.a. in a) Wortschatz, b) Textkürzung, c) Zusätzen, d) Verbalformen, e) Deklinationsformen.

a) *Wortschatz*: An mehreren Stellen ist in Π¹ ein Wort durch ein kurz vorher stehendes ersetzt, z.B. 55 a 32 πανταχοῦ Π² durch ἐξ ἀρχῆς (55 a 30 f.) in Π¹.

65 a 35 ist χρῆσιν Π² zu ἕξιν Π¹ geändert, weil in der gleichen Zeile ἕξεις steht. 71 b 28 wurde λύκτιοι Π² zu κρῆτες Π¹ geändert nach κρήτην (71 b 27).

Ebenso ist 90 b 39 μερῶν Π² durch μορίων ersetzt und umgekehrt 26 a 21 μορίων Π² durch μερῶν, weil die gleiche Form kurz zuvor steht. Weiter ist aus Analogie πόλεως Π² zu πολιτείας Π¹ geändert (94 b 39), διορισμόν Π² zu τρόπον Π¹ (98 b 13) und ἕτερον Π² zu ἄλλο Π¹ (41 a 19, ,,alterum" G).

Ersatz durch in der Nähe stehende Synonyma begegnet z.B. auch 81 a 17, wo δεῖ in M P steht, weil 81 a 11 vorkam, während χρὴ Π² bringt; das gleiche ist 35 b 28 (35 b 25) der Fall. G hat in beiden Fällen ,,oportet".

28 a 14 hat Π¹ νομίζουσι gegenüber ὑπολαμβάνουσι in Π², offensichtlich eine vereinfachende Anpassung an νομίζουσιν 28 a 15.

98 a 31 stehen sich die Lesungen ἀνακρίνειν Π¹ und προανακρίνειν Π² gegenüber. Es ist an dieser Stelle von Ämtern die Rede, denen es zukommt περὶ μηθενὸς κρίνειν ἀλλὰ μόνον (προ)ανακρίνειν. Nun ist aber zwischen κρίνειν und ἀνακρίνειν kein Gegensatz, denn beides ist die Tätigkeit des Richters, während προανακρίνειν die Tätigkeit des Untersuchungsrichters ist. Es muss also προανακρίνειν heissen; ἀνακρίνειν ist ein Vereinfachung des Wortes durch Kürzung.

Genau so ist es mit συζεύξεως Π² (35 b 28), das sehr häufig vorkommt und z.B. auch 53 b 10 für den coitus gebraucht wird, in Π¹ aber zu ζεύξεως verkürzt wurde, welches bei Aristoteles überhaupt nicht belegt ist.

30 b 21 hat ἰδίων Π², οἰκείων Π¹. Nun ist „eigen" hier im Gegensatz zu „gemein" und nicht zu „fremd" gebraucht, so dass ἰδίων einwandfrei die richtige Lesart ist. Vielleicht wurde in Π¹ deshalb geändert, weil ἰδίων mit dem gleich folgenden ἡδίων (30 b 22) einen völligen Gleichklang trotz verschiedener Bedeutung ergäbe.

Mehrfach sind in Π¹ Wörter geringfügig geändert worden, dergestalt, dass bei Bedeutungsänderung der Text selbst leichter zu verstehen ist:

97 b 10 ff. sagt Aristoteles, dass die Armen den Kriegsdienst verweigerten (ὀκνεῖν), wenn sie nicht ernährt würden, andernfalls aber zum Kämpfen bereit seien (βούλονται πολεμεῖν). Π¹ hat ὀκνεῖν zu κινεῖν = „revoltieren" geändert.

Ähnlich ist 35 b 4 παιδονομίας Π² zu παιδείας Π¹ geändert.

Öfters sind Wörter durch Synonyma ersetzt, ohne dass zunächst ein Grund dafür zu erkennen ist; eine genauere Prüfung aber ergibt, dass jeweils ein weniger gebräuchliches Wort durch ein geläufigeres verdrängt wurde. So fällt auf, dass an zwei Stellen das Wort διαστρέφειν, je seiner Bedeutung nach, durch zwei verschiedene Wörter ersetzt wurde. 87 a 31 schreibt Aristoteles, dass der θυμὸς ἄρχοντας διαστρέφει Π². Diese Lesung ist nicht nur sinnvoll, sondern auch durch ein Julianzitat [1]) gesichert. In Π¹ ist διαστρέφει zugleich mit einer Wortumstellung durch διαφθείρει („interimet" G) ersetzt. 36 a 10 ff. sagt Aristoteles, dass manche die Gliedmassen der Kinder schienten, um Verkrümmungen (= διαστρέφεσθαι τὰ μέλη) zu vermeiden. Auch hier ist διαστρέφεσθαι Π² durch ein geläufigeres Wort, nämlich διαφέρεσθαι („defluere" G), ersetzt.

55 b 26 stehen sich die Lesarten ὀψοποιητική Π¹ („pulmentaria" G) und ὀψοποιική Π² gegenüber, 56 a 6 κερκιδοποιητική Π¹ („pectinifactiva" G) und κερκιδοποιική Π². Nun ist aus den Lexika nicht zu ersehen, welche Form die klassische und welche die mittelalterliche ist, da diese wohl den Text der Ausgaben, selten aber die Hss berücksichtigen. Dennoch scheint die Form -ποιητική die im Mittelalter gebräuchliche zu sein, denn τεχνοποιητική (53 b 10) [2]) zeugt dafür wie auch κακοποιητική von Π¹ (35 b 7) und die Tatsache,

---

[1]) Julian, Brief an Themistios, 261 C.
[2]) s.S. 13 der Arbeit.

dass der Politikkommentar immer diese Form bringt, so z.B. ἀρτοποιητική (Immisch 311, 40) — ebenso Schol. Eurip. Hec. 359 [1]) —, εἰδοποιητική (295, 22), κερκιδοποιητική (295, 23).

Das gleiche scheint 56 b 1 zuzutreffen, wo Π² richtig πορίζονται hat — vergl. z.B. 68 a 32, 97 b 12 —, während in Π¹ κομίζονται („ferunt" G) steht.

Ersatz der klassischen Form durch die zeitgenössische liegt wohl auch 58 b 1 vor, wo μεταβλητικῆς Π² durch μεταβολικῆς Π¹ ersetzt ist, während an allen anderen Stellen Π¹ die Form von Π² hat. [2]) Recht schwierig ist 65 b 4 die Entscheidung, ob die Form περίζυγας Π¹ oder παράζυγας Π² die richtige ist, weil es in der griechischen Literatur kaum Vergleichsmöglichkeiten gibt. Aber auch hier ist sehr wahrscheinlich in Π¹ geändert worden, denn γ hatte 53 a 7, wo die übrigen Textzeugen ἄζυξ ὢν überliefern, περίζυξ ὢν („perizixon" g). γ gehört aber zur Familie Π¹, wie unten noch zu zeigen ist, und hat die gleichen Veränderungen mitgemacht wie die übrigen Textzeugen dieser Familie.

15 a 38 ist der Fachausdruck für Entwaffnung ὅπλων παραίρεσιν — vergl. 11 a 12 — in Π¹ durch das wohl verständlichere ὅπλων ἀφαίρεσιν ersetzt. Die Ersetzung des ἐπιτιμίοις Π² (20 a 13) durch das hier unpassende ἐπιζημίοις Π¹ erklärt sich vielleicht dadurch, dass im Mittelalter ἐπιτίμιον Fachausdruck für poena ecclesiastica, Kirchenstrafen, war. [3])

b) *Kürzungen*

Neben Änderungen durch Wortersatz ist in vielen Fällen ein Ausdruck in Π¹ gegenüber Π² gekürzt oder ganz ausgefallen.

---

[1]) In der Euripidesausgabe von A. Matthiae (Eurip. Trag. et Fragm. rec. A. Matthiae, Leipzig 1817) steht S. 84 zum Vers 359 — in den modernen Ausgaben ist es der Vers 362 — folgendes Scholion: σιτοποιόν· μαγειρικήν· σῖτα γὰρ καὶ σιτία τὰ βρώματα· ἡ ἀρτοποιητήν (Das Scholion steht nicht in der Scholienausgabe von Schwartz).

[2]) Die Lesung von Γ lässt sich nicht mehr ermitteln. Bemerkenswert für die Übersetzungsweise des Wilhelm von Moerbeke sind die verschiedenen Übertragungen des Wortes μεταβλητική oder μεταβολική: 57 a 9 gibt er es mit „commutatio" wieder, 57 a 15 mit „permutativa", 57 a 28 mit „commutativa". Ab 58 b 1 verwendet er jedoch immer „translativa" (58 b 1, 58 b 21, 58 b 29). g bietet die gleichen Lesarten.

Zur Form μεταβολική ist bemerkenswert, dass z.B. die Scholien zum Grammatiker Dionysios Thrax sehr häufig diese Form als grammatikalischen Terminus verwenden, nie aber die Form μεταβλητικός (s. Index zu Grammatici Graeci ed. A. Hilgard, Leipzig 1901, I, 3).

[3]) Du Cange, Sp. 429 s.v. ἐπιτίμιον.

67 b 25 f. steht in Π² — es wird an dieser Stelle der Lebensstil des Hippodamos von Milet gekennzeichnet — τριχῶν τε πλήθει καὶ κόσμῳ πολυτελεῖ, während Π¹ τριχῶν τε πλήθει καὶ κόμης hat. 69 b 21 ist der Ausdruck φανερός ἐστιν τοιοῦτος ὢν Π² zu τοιοῦτός ἐστιν Π¹ verkürzt.

54 a 39 ff. steht: τῶν γὰρ μοχθηρῶν ... δόξειεν ἂν ἄρχειν ... τὸ σῶμα τῆς ψυχῆς διὰ τὸ φαύλως καὶ παρὰ φύσιν ἔχειν Π². καὶ παρὰ φύσιν (54 b 2) fehlt in M P. 54 a 34 ff. bringt Aristoteles folgenden Gedankengang: Ein Lebewesen besteht aus Seele und Körper dergestalt, dass naturgemäss die Seele der herrschende, der Körper der beherrschte Teil ist. Gilt es nun, Dinge zu untersuchen, die naturgegeben (κατὰ φύσιν) sind, so soll man sie auch nur soweit als Unterlage heranziehen, inwieweit ihr Zustand noch natürlich ist und nicht schon durch Verdorbenheit verändert. Deshalb soll auch *der* Mensch nun betrachtet werden, bei dem Seele und Körper im natürlichen Verhältnis zueinander stehen. Die moralisch Schlechten werden dabei ausgenommen, weil infolge ihrer Schlechtigkeit (διὰ τὸ φαύλως ... ἔχειν) und Widernatürlichkeit (παρὰ φύσιν ἔχειν) der Körper oft über die Seele herrscht. Fällt nun καὶ παρὰ φύσιν aus, so fehlt dem letzten Satz die Begründung für das verkehrte Seele-Körper-Verhältnis der Schlechten.

61 a 37 ff. meint Aristoteles, dass es zwar besser sei, wenn immer die gleichen herrschten, wo das aber wegen der Gleichheit aller nicht möglich sei, müsse die Regierung ständig dergestalt wechseln, dass jeweils ein Teil der ausserhalb eines Amtes gleichen Bürger für eine bestimmte Zeit herrscht, so dass zum Teil die einen regieren, die andern sich regieren lassen, als ob sie andere geworden wären (οἱ μὲν γὰρ ἄρχουσιν οἱ δ᾽ ἄρχονται κατὰ μέρος ὥσπερ ἂν ἄλλοι γενόμενοι). Das für die Aussage des letzten Satzes wesentliche κατὰ μέρος (61 b 4) fehlt in Π¹.

67 b 22 ff. referiert Aristoteles über die Staatstheorie des Hippodamos von Milet. In den Gerichten soll nach Hippodamos (68 a 1 ff.) nicht durch einfache Stimmabgabe entschieden werden, vielmehr soll jeder ein Täfelchen abgeben, auf dem er im Falle der Verurteilung die Strafe aufzeichnen, das er aber bei Freispruch leer lassen soll. In Zweifelsfällen soll er seine Meinung kurz skizzieren (φέρειν ἕκαστον πινάκιον, ἐν ᾧ γράφειν, εἰ καταδικάζοι ἁπλῶς, τὴν δίκην, εἰ δ᾽ ἀπολύοι ἁπλῶς, κενόν, εἰ δὲ τὸ μὲν τὸ δὲ μή, τοῦτο διορίζειν.) In Π¹ fehlt das wichtige τὴν δίκην (68 a 3).

Noch im gleichen Zusammenhang heisst es (68 a 10 ff.), dass

Hippodamos die Beamten vom Volk gewählt haben wollte. Die Gewählten sollten sich kümmern um die Sache der Bürger, der Nichtbürger und der Waisen (κοινῶν καὶ ξενικῶν καὶ ὀρφανικῶν). In M P fehlt καὶ ξενικῶν (68 a 14) und somit ein wichtiges Aufgabengebiet der Beamten. Ausserdem wird die Dreizahl gestört, die Hippodamos besonders zu lieben schien, denn das Volk wird in drei Klassen geteilt, das Land in drei Teile und die Prozesse in drei Arten. καὶ ξενικῶν wurde wohl deshalb getilgt, weil es zwischen κοινῶν und ὀρφανικῶν zu stören schien oder es fiel aus, weil es hinter ὀρφανικῶν gesetzt werden sollte.

69 b 39 ff. meint Aristoteles, dass die freie Stellung der spartanischen Frauen anfangs ihren guten Grund gehabt habe, denn ihre Männer waren durch Feldzüge lange Zeit ausser Landes (ἔξω γὰρ τῆς οἰκείας 70 a 1). τῆς οἰκείας fehlt in M P (,,extra domum" G).

70 b 1 ff. schreibt Aristoteles, dass der Gesetzgeber aus dem Wunsch nach einer möglichst hohen Zahl von Spartiaten die Bürger auffordere, möglichst viele Kinder zu zeugen. (προάγεται τοὺς πολίτας ὅτι πλείστους ποιεῖσθαι παῖδας 70 b 1 f.). τοὺς πολίτας, auf die es hier ja gerade ankommt, fehlt in M P.

74 b 5 ff. sagt Aristoteles, dass zwar Charondas nur eine Einrichtung eigen sei, er aber in der Genauigkeit seiner Gesetze (τῇ δ' ἀκριβείᾳ τῶν νόμων) selbst die heutigen Gesetzgeber übertreffe. τῶν νόμων (74 b 8) fehlt in Π¹, so dass der Satz ohne rechten Sinn bleibt.

76 b 16 ff. verhandelt Aristoteles die Frage, ob die ἀρετή des guten Mannes der des guten Bürgers gleichzusetzen sei. 77 a 16 ff. weist er darauf hin, dass manche sogar einen Unterschied in der Erziehung und Bildung zwischen einem Herrschenden und einem Privatmann machen. Nach diesem kurzen Exkurs führt er sein Thema fort mit εἰ δὲ ἡ αὐτὴ ἀρετή . . . (77 a 20 f.) und handelt im weiteren wieder nur von der ἀρετή. In Π¹ fehlt 77 a 20 ἀρετή, so dass die ganze weitere Diskussion nicht ἀρετή, sondern παιδεία zum Thema hätte.

87 a 23 ff. spricht Aristoteles den Gedanken aus, dass zwar das Gesetz nicht alles bis ins einzelne bestimmen könne, die Beamten aber hinreichend erziehe (ἐπίτηδες παιδεύσας 87 a 25), so dass sie in der Lage sind, nach bestem Wissen jeweils die Entscheidungen zu fällen. Das für den Gedanken, dass das Gesetz erziehe, wesentliche παιδεύσας fehlt in M P. Anstelle des ἐπίτηδες παιδεύσας hat G ein unverständliches ,,universale".

07 a 31 ff. heisst es, dass das Volk, im Krieg geübt, mächtiger werde als seine Bewacher (τῶν φρουρῶν 07 a 32). τῶν φρουρῶν fehlt in Π¹. Ähnliche Fälle sind: 53 b 24 f. καὶ εὖ ζῆν om. Π¹, 55 b 5 φύσει om. Π¹, 26 a 14 οἰητέον om. Π¹, 36 b 19 καὶ γυναικῶν om. Π¹. Auffallend ist ausserdem der Ausfall bestimmter Wortarten, Artikeln, Partikeln, Konjunktionen u.ä. Öfters scheint dabei infolge einer Umstellung ein Ausfall eingetreten zu sein, denn Π¹ zeigt in vielen Fällen die Tendenz, Partikeln und Adverbien zusammen und oft an den Satzanfang zu stellen, Negationen vor das Verb — z.B. 70 a 20 — zu setzen, besonders häufig aber ἄν, wobei es sich bei dem Verb meist um eine Optativform handelt, z.B. 53 b 7, 63 b 16 (nur M P), 65 b 17 (nur M P), 65 b 32 (nur M P), 14 a 27 (nur Γ M, om. P), 24 a 12, 37 b 21, 39 b 24, 39 b 39.

In etwa 30 Fällen ist καὶ oder τε ausgefallen, oft dann, wenn τε mit γάρ zusammenstand, z.B.:

60 b 32   ἵνα τό τ' ὀρθῶς nur M P
62 b 7   φιλίαν τε γάρ nur M P, „quidem" G
70 a 27   νῦν δ' ἔξεστι δοῦναί τε
71 b 41   γεωργοῦσί τε γάρ
83 a 17   δεῖ γάρ ἐλευθέρους τ' εἶναι καὶ
04 b 28   μισθοφοράν τε γάρ; hier ist γάρ mit ausgefallen
26 a 29   ὅ τε γάρ νόμος
30 a 38   αἵ τε γάρ
37 b 11 f. διὸ τάς τε τοιαύτας

Umgekehrt ist mindestens viermal bei der Verbindung τε γάρ das γάρ ausgefallen (73 b 37 M P „enim" G, 13 b 15 M P „enim" G, 31 b 34, 35 a 2).

Etwa 20 mal scheint καὶ ausgefallen zu sein. Davon viermal vor einem Kappa, was als Haplographie erklärt werden könnte. In weiteren mindestens acht Fällen ist bei der Verbindung καί-καί immer das erste καί getilgt, was einen zufälligen Verlust unwahrscheinlich macht. Mindestens sieben mal ist ein καί gefallen, das als abundierend empfunden werden konnte, so z.B. 10 a 39: Nach der Behandlung der Oligarchie und Demokratie sagt Aristoteles: λείπεται δ' ἐπελθεῖν καὶ περὶ μοναρχίας Π². Das καὶ fehlt in Π¹.

Die Beobachtung des Ausfalls von καί, τε — hinzukommt noch der Ausfall von ἤ in mindestens drei Fällen (82 a 17, 98 b 32, 05 a 32) — ergibt die Tendenz, bei reihenden Konjunktionen jeweils die erste Konjunktion zu streichen.

In mindestens 30 Fällen lässt sich der Ausfall eines Artikels in Π¹ nachweisen, wobei mechanischer Verlust manchmal nicht ausgeschlossen ist, wie z.B. 52 b 21, 07 b 36, 32 a 22. Jedoch zeigt sich auch hier eine Tendenz: Standen zwei Artikel hintereinander, so wurde einer getilgt, z.B. 65 b 39 κατὰ τὴν τῶν ἐφόρων ἀρχὴν Π², τῶν fehlt in Π¹.

66 b 3 fiel bei τῷ τὰς προῖκας ... διδόναι Π² τὰς in Π¹ aus.

Ein Sonderfall ist 65 b 35 τὴν τῶν (zu ergänzen πολιτείαν) Λακεδαιμονίων Π². τὴν fiel in M aus, τῶν in P. Weitere Beispiele dieser Art sind 79 a 34, 31 b 5.

Standen zwei Wörter im gleichen Kasus mit gleichem Artikel hintereinander, so wurde der zweite Artikel getilgt, so z.B. 61 b 25, 65 a 12, 68 a 17, 31 b 8.

Zweimal fiel der Artikel vor einem Namen, wo dieser zum ersten Mal genannt wird (59 a 28, 61 b 19).

Öfters wurde der Artikel aus Analogie getilgt, so z.B. 76 a 4, wo bei τῆς τοιᾶσδε ἀρχῆς Π² τῆς in Π¹ fiel, weil zuvor ἀρχῇ ohne Artikel steht, oder 03 a 2, wo der Artikel vor δημοκρατίαις getilgt wurde, weil das folgende πολιτείαις ihn nicht hat. Weitere Beispiele sind: 61 a 18, 95 b 2, 08 b 22.

Beim Ausfall von Pronomina in Π¹ ist die Tendenz zu erkennen, scheinbar überflüssige Pronomina zu tilgen, besonders aber, wenn zwei hintereinander stehen. So wird z.B. 88 a 16 ἕνα τινὰ Π² zu ἕνα Π¹ gekürzt, 41 a 33 τις χορηγὸς αὐτὸς Π² zu τις χορηγός Π¹. Weitere Fälle sind: 57 b 24 (οὗτος), 63 b 1 (αὐτὸς), 73 a 9 (οὗτοι), 73 b 27 (τι), 79 b 15 (τι), 88 a 29 (τοῦτον), 97 a 2 (τοῖς ἑτέροις), 01 a 8 (αὐτοῦ), 06 b 8 (ἄλλας), 19 b 11 (τοῦτο), 23 b 9 (αὐτῶν), 24 a 37 (τινὸς), 33 b 8 (πάσας), 39 a 22 (τι nur M P).

Einige Male könnte ein Pronomen auch mechanisch ausgefallen sein. Wenn z.B. οὗτος ὁ πλοῦτος (57 b 24) zu ὁ πλοῦτος οὗτος in Π¹ umgestellt worden war, so konnte οὗτος durch Haplographie ausfallen, ebenso τι vor τείνειν (39 a 22).

Nicht häufig ist in Π¹ eine Präposition ausgefallen, jedoch zeigt sich auch dabei eine Tendenz. So ist, wenn zwei Substantive mit der gleichen Präposition hintereinander stehen, die zweite Präposition getilgt. 36 a 14 steht: τοῦτο γὰρ πρὸς ὑγίειαν καὶ πρὸς πολεμικὰς πράξεις εὐχρηστότατον Π². Das zweite πρὸς fehlt in M P. Aristoteles hatte es aber gesetzt, um die Polarität der beiden Begriffe hervorzuheben. Ähnlich 75 b 17 (nur M P), 97 a 9 (nur M P, G übersetzt das vor der Präposition stehende καὶ nicht), 40 a 6 (nur M P).

Dreimal ist eine Präposition vor einer Genetivform ausgefallen (89 a 26 περί, 10 b 10 ἐκ — war vielleicht zu εἰς verlesen, denn Albert und Thomas haben hier ein „unus" —, 22 a 14 παρά).

30 a 37 ist bei der Form βλέπειν πρὸς mit Akkusativ die Präposition in Π¹ ausgefallen.

Durch den Ausfall von Verben entstehen in Π¹ einige Ellipsen. εἶναι ist mindestens fünfmal ausgefallen (52 a 8, 57 b 7, 62 a 35 nur M P, 35 a 23, 38 b 5), finite Formen von εἶναι viermal (70 a 25, 70 b 8 nur M P, 01 b 26, 02 b 37). In allen Fällen handelt es sich um ein kopulatives εἶναι. Ausserdem ist 52 b 20 συνῆλθον ausgefallen und 84 a 19 δοκοῦσι, was Zufall sein könnte.

Die Tilgungstendenz bei hintereinander stehenden Artikeln und Pronomen ist auch bei den Partikeln, Adverben und Adverbialen zu beobachten. So steht 77 a 12 τοίνυν ἁπλῶς in Π², nurmehr τοίνυν in Π¹, 87 a 16 ὁμοίως τοίνυν in Π², ὁμοίως in Π¹. 88 a 6 fehlt bei πως ἤδη Π² ἤδη in Π¹. Bei ähnlichen Fällen wurden getilgt: μέν, δέ, οὖν, ἁπλῶς, τοίνυν, δή, ἤδη, ἀλλά. Diese Wortarten fallen in Π¹ auch dann oft aus, wenn sie „hinderlich" sind, d.h. z.B. zwischen Subjekt und Prädikat, Verbum und Objekt u.s.w. stehen. Dabei fielen aus: μέν, δέ, ἴσως, γε, ἤδη, λίαν, οὕτω(ς), σχεδόν, φανερῶς.

c) *Zusätze*

Öfters scheinen in Π¹ Zusätze gemacht worden zu sein, so war z.B. 85 b 16 θυσίαι Π² zu einem hier unverständlichen οὐσίαι in Π¹ verlesen, das zu αἱ πάτριοι (— αι M) οὐσίαι erweitert wurde.

35 a 37 steht in Π² χρόνοις, οἷς οἱ πολλοὶ χρῶνται, das in Π¹ zu χρόνοις δεῖ χρᾶσθαι, οἷς οἱ πολλοὶ χρῶνται erweitert ist, wobei schon die Form χρᾶσθαι den späten Zusatz erkennen lässt. Über weitere Zusätze wird weiter unten zu handeln sein.

Mindestens viermal scheint ein Artikel vor das Subjekt gesetzt zu sein, um es vom Prädikatsnomen zu unterscheiden (53 a 2, 53 a 32, 58 b 12, 78 b 19). Zweimal bekam das Prädikatsnomen den Artikel, wo das Subjekt ein Pronomen ist (81 b 42, 17 b 12).

Der Artikel ist ein paarmal aus Analogie zugesetzt, so 52 b 14 (Ἐπιμενίδης δὲ ὁ Κρής), 32 a 32 (τῆς τύχης), 36 a 35 (τοὺς κλαυθμούς). 96 a 27 f. heisst es διὰ τὸ στάσεις γίγνεσθαι καὶ μάχας Π². Π¹ setzt τὰς vor μάχας, als ob bestimmte Kämpfe gemeint seien.

Π¹ hat auch mehrmals zusätzliche Partikeln gegenüber Π², jedoch ist keine Tendenz zu erkennen.

Ein paarmal scheint auch καὶ zugesetzt zu sein, teils aus Analogie, teils um zwei Gedanken schärfer zu trennen (61 b 5, 99 a 19, 04 a 18, 16 a 28, 35 b 11).

d) Einen wesentlichen Unterschied zeigen die beiden Familien Π¹ und Π² auch in den Verbalformen, der in weit mehr als 50 Fällen zutage tritt. Da aber in den Hss wegen des oft ähnlichen Schriftbildes und Klanges verschiedener Verbalformen und des schwindenden Unterscheidungsvermögens gegenüber der Vielzahl der Modi und Tempora Verschreibungen und Verwechslungen äusserst leicht eintreten können, bietet sich keine sichere Grundlage, auf der eine tendenziöse Änderung der Verbalformen in Π¹ bewiesen werden könnte. Lediglich eine bestimmte Sprachströmung ist in Π¹ stärker zu erkennen, worüber weiter unten zu reden sein wird.

e) *Deklinationsformen*

Bedeutend weniger, aber umso auffallender, sind Änderungen der Deklinationsformen in Π¹. So ist die bei Aristoteles allein gebräuchliche Form μόναρχος Π² häufig zu μονάρχης Π¹ geändert und dementsprechend nach der A-Deklination gebeugt, z.B. 84 b 13 (τοὺς μονάρχας M P ,,monarchas" G), 87 b 29 (οἱ μονάρχαι M P ,,monarchae" G), 95 a 12 (μονάρχας M P ,,monarchas" G), 95 a 13 (,,monarchae" G), 11 a 30 (τοῖς μονάρχαις M P ,,monarchis" G).

Die gleiche Erscheinung zeigt M an einer Stelle bei dem Wort ναύαρχος (71 a 37, ναυάρχας M, ναυάρχους die übrigen Hss) [1]).

74 b 14 hat Π¹ die Form τοῖν χεροῖν Π² in ταῖν χεροῖν geändert.

69 b 28 hat ἄρη Π², ἄρην Π¹.

40 b 26 bildet Π² den Genetiv von Archytas ἀρχύτου, Π¹ dagegen ἀρχύτα (,,archytae" G).

Fast regelmässig schreiben M P (z.B. 35 b 6, 35 b 37 — nur M, Lücke in P — 36 a 14, 38 a 20) ὑγεία gegenüber der Form ὑγίεια von Π².

f) *Gebrauch der Präpositionen*

Auch in der Verwendung der Präpositionen zeigt sich ein kleiner Unterschied zwischen den beiden Familien. Leicht lässt sich in einigen Fällen ein Wechsel paläographisch erklären. Im einzelnen stehen sich gegenüber:

---

[1]) Auch die mit M eng verwandte Hs S bietet an dieser Stelle (71 a 37) ναυάρχας.

	Π¹			Π²	
58 b 4	ἐπί	c.dat.		ἐπί	c. acc.
65 a 4	εἰς	c. acc.	(„ad" G)	πρός	c. acc.
78 b 20	παρά	c. gen.	(nur corr. P, „ab" G)	περί	c. gen.
01 a 22	ἐπί	c. acc.		εἰς	c. acc.
02 b 3	περί	c. acc.	(„propter" G, wohl eine Verles. i.d. lat. Hss von G)	παρά	c. acc.
15 a 11	παρά	c. acc.		περί	c. acc.
37 a 36	διά	c. gen.		περί	c. gen.
40 a 34	ἀπό	c. gen.		ἐπί	c. gen.

Hinzu kommen einige Fälle, in denen einzelne Textzeugen eine Verschiedenheit im Gebrauch der Präpositionen zeigen.

KAPITEL VII

DIE BEURTEILUNG DER ÄNDERUNGEN IN Π^1

Das in den Kapiteln V (Wortstellung in Π^1) und VI (Änderungen anderer Art) vorgelegte Material zeigt eine Fülle von Verschiedenheiten zwischen den beiden Familien Π^1 und Π^2. In den meisten Fällen konnte nachgewiesen werden, dass die Änderungen in Π^1 und nicht in Π^2 vorgenommen wurden. Daraus lässt sich mit hoher Wahrscheinlichkeit schliessen, dass auch in zweifelhaften Fällen zugunsten der Lesung von Π^2 entschieden werden muss. Somit gehen die Änderungen in Π^1 weit über das hinaus, was im Laufe einer jahrhundertlangen Tradition durch Versehen und Willkür der Schreiber oder durch äussere Einflüsse entstehen kann.

a) Das Bestreben, in der Wortstellung die Sperrungen zu beseitigen, die Wörter und Begriffe grammatikalisch, logisch, ja ethisch zu ordnen, wie es im Kapitel V nachgewiesen werden konnte, lässt einen Bearbeiter erkennen, der den Text der aristotelischen Politik gründlich rezensierte, um ihn leichter verständlich zu machen. Die in Kapitel VI vorgelegten Veränderungen zeigen genau das gleiche Bestreben und den selben Redaktor. Das Kürzen und Wegstreichen scheinbar überflüssiger oder dem leichten Verständnis des Textes hinderlicher Wörter, das Tilgen von Artikeln, Partikeln, Pronomina, wenn zwei gleichartige hintereinander standen, das Streichen, wenn sich solche Wörter „hinderlich" zwischen Subjekt und Prädikat, Verb und Objekt stellten, das Zufügen von Artikeln, Partikeln und Konjunktionen, um den Text zu gliedern, Subjekt und Prädikatsnomen zu unterscheiden — all diese vielfältigen Erscheinungen recht willkürlicher Texteingriffe lassen sich auf den gemeinsamen Nenner bringen: *Vereinfachung des Textes*. Über das Wer, Wann, Wo und Wie dieser in Π^1 feststellbaren Rezension wird später zu handeln sein.

b) Bei den zahlreichen Änderungen hinterliess der Bearbeiter deutliche Spuren seiner eigenen Sprache, und zwar des byzantinischer Schulgriechisch, das als klassizistisches Griechisch zwei Sprachströmungen in sich aufgenommen hat, nämlich die der

Heiligen Schriften und der Klassiker, allerdings gesehen durch die Augen der Attizisten der zweiten Sophistik, die für die „Späten" ihrerseits wiederum zu Sprachvorbildern wurden. Selbstverständlich hatte der Bearbeiter nicht die Absicht, den Text des Aristoteles nach seiner attizistischen Grammatik [1]) zu korrigieren, vielmehr kamen die zeitgenössischen Sprachelemente im Zuge der Textglättung in den Text.

Einen attizistischen Einfluss hat schon Immisch bemerkt, wenn er schreibt [2]): „Interdum atticissantem grammaticum detegere mihi videor in Π¹: nam detractat formam δυεῖν (cf. 01 b 35; 10 b 5); detractat... medium ἐπιχωριάζεται 35 a 16, ... Atticam formam ἀπεκτονότα pro ἀπεκταγκότα 24 b 16 habet saltem cod. P¹."

Typisch attizistische Merkmale sind weiter die Artikelform ταῖν für τοῖν (74 b 14) [3]), die Genetivform ἀρχύτα für ἀρχύτου (40 b 26) [4]), die Akkusativform ἄρην für ἄρη (69 b 28) [5]), der zweiendige Ge-

---

[1]) Über den Attizismus der Byzantiner vergl. das Geleitwort von Franz Dölger zu Böhlig, V-VIII.

[2]) Immisch XXIII.

[3]) Da im Attischen die Dualform τοῖν generis communis ist (Kühner-Gerth I 73 Anm.), sind die Formen auf — αιν wohl späte, vielleicht sogar falsche Bildungen (Schwyzer I 557). Die in älteren Grammatiken noch angeführten Beispiele für vereinzeltes Vorkommen der Formen auf — αιν im Attischen (z.B. noch bei Kühner² I 464 Anm. 3), beweisen nichts, denn die modernen Ausgaben schreiben durchweg die richtigen Formen auf — οιν. Bei den Attizisten hingegen galten diese Formen für gut attisch (Schmid I 233 ff., Lukian; III 48, Aristeides; IV 47, Philostrat der Zweite). Herodian I 473, 30 (ed. A. Lentz, Leipzig 1867-70) nennt bei der Aufzählung der gebräuchlichen Artikel auch ταῖν. Theodosius Alexandrinus schreibt im Kanon περὶ θηλυκῶν für alle femininen Substantive im Dual die Form ταῖν vor (Grammatici Graeci IV, 1; 25-32). ταῖν blieb in Byzanz immer lebendig (Böhlig 89).

[4]) Es liegt kein Grund vor, dass Aristoteles 'Αρχύτα geschrieben haben sollte. Noch die Papyri bilden den Genetiv regelmässig auf — ου, vereinzelt auf — α (Mayser I, 2; 3, 25). Im NT überwiegt die Form auf — α (Blass-Debrunner § 55) und Herodian II 654, 27 f. schreibt vor: τὰ εἰς τας λήγοντα ἅπαντα ἰσοσυλλάβως κλίνεται οἷον 'Αρχύτας 'Αρχύτα ... Vergl. Schmid IV 586.

[5]) Auch bei anderen Autoren schwanken die Hss zwischen ἄρη und ἄρην. Die Herausgeber schreiben heute allgemein "Αρη (z.B. Ilias E 909, Aischylos, Septem 45, Agamemnon 47, 1235, Suppl. 682, Choeph. 162, Pers. 86; Sophokles, Ödip. Kol. 1046; Euripides, Phoen. 134, 936, 1006, Elekt. 2, Iph. Aul. 283, Rhes. 239, 446; Aristoteles, Poetik 1457 b 21). Dagegen hält Schwyzer I, 576 "Αρην für echt attisch. Die Attizisten waren sich selbst nicht im klaren, welche Form die attische sei (Schmid IV 582). Herodian I 417 Anm. und Theodosius schreiben, jeweils im Hinweis auf Ilias E 909, die Form ἄρην vor (Gramm. gr. IV, 1; 162, 30). Ein Scholion zu Ilias E 909 sagt: οὕτως 'Ηρωδιανός φησι μετὰ τοῦ ν̄ "Αρην. In späterer Zeit überwiegt die Form auf — ην (Böhlig 34).

brauch der Adjektive πάτριος und ἑκούσιος (85 a 24, 85 b 5, 85 b 16
nur P) ¹). Attizistische Wortbildungen sind die Formen auf — ἀρχης
für -αρχος, ²) die Form ὑγεία für ὑγίεια ³), die in Π¹ gegenüber Π²
überwiegende Schreibweise οὐδείς usw. für οὐθείς usw. ⁴) und
γίνεσθαι für γίγνεσθαι ⁴). Attizistischer Einfluss ist wohl auch der
Ersatz von πρός Π² durch εἰς Π¹ (65 a 4) ⁵). Attizistische Sprachelemente zeigen sich notwendig am ehesten in Zusätzen, wie z.B.
35 a 37, wo in einem solchen Zusatz die Form χρᾶσθαι vorkommt. ⁶)

Neben der Formenlehre zeigt auch die Syntax gelegentlich attizistische Einflüsse, so begegnet in auffallender Weise ein Dat. auct.
bei einem Infinitiv Präs. 95 b 17, wo ἐν τοῖς διδασκαλείοις ἄρχεσθαι Π²
zu τοῖς διδασκάλοις ἄρχεσθαι Π¹ geändert ist ⁷), und 38 a 32 f.
ein Dativ der Beziehung, wo der Satz πότερον δὲ μία τὸν ἀριθμὸν ἢ
πλείους, καὶ τίνες αὗται καὶ πῶς, ὕστερον λεκτέον ... Π² zu πότερον

---

¹) Bei den Byzantinern sind gern diejenigen Adjektive zweiendig, die
im Feminin ein sog. alpha purum hätten, wozu auch πάτριος und ἑκούσιος
zählen (Böhlig 41).

²) Die Formen auf — ἀρχης entstammen der Koine und sind dort sehr
geläufig (Blass-Debrunner § 50). Von da aus dringen sie bereits in den Attizismus der zweiten Sophistik ein (Schmid III 247, Älian). Auch Michael
von Ephesos gebraucht in seinem Politikkommentar diese Form (Immisch
307, 23 τοὺς μονάρχας).

³) Zu Bildungen dieser Art s. Blass-Debrunner § 23, Meisterhans 49, 29,
Schwyzer I 194.

⁴) γίνεσθαι ist die im NT übliche Schreibweise (Blass-Debrunner § 34, 4).
Regelmässig schreiben so einige Attizisten (Schmid I 197, Herodes Atticus;
III 18. 39, Älian; zusammenfassend IV 579). Zum wechselnden Gebrauch
der beiden Formen bei den Byzantinern s. Böhlig 3.14.17.23.
Während Aristoteles die Formen οὐθείς u.s.w. geschrieben hat, überwiegt
in den Hss des NT die Schreibung mit — δ — (Blass-Debrunner § 33). Von
den Attizisten wird nur die Schreibung mit — δ — verwendet (Schmid II
138 f., IV 607).

⁵) Vergl. Schmid I 398, IV 614. 627. Für Ersatz von εἰς durch πρός s.
Böhlig 154. Sicherlich liessen sich Verschiedenheiten im Gebrauch der
Präpositionen öfters als attizistisch erklären, um aber eine festere Grundlage
zu haben, müsste das Material reicher sein.

⁶) Diese jonisch-hellenistische Form breitet sich seit dem zweiten vor-
christlichen Jahrhundert aus (Meisterhans 175, 3, Mayser II, 1; 114, 27 ff.,
Schwyzer I 675. 721) und ist im Attizismus gebräuchlich (Schmid IV 40,
Philostrat der Zweite, IV 580).

⁷) Der Dativ auctoris oder Dativ beim Passiv bleibt in klassischer Zeit
fast nur auf Formen des Perfekts und Plusquamperfekts sowie auf die Ver-
baladjektive beschränkt (Kühner-Gerth I 422 c). Während dieser Gebrauch
des Dativs im NT offenbar zurückgeht (Blass-Debrunner § 191), nimmt er
schon im Attizismus einen über das Klassische hinausgehenden Umfang an
(Schmid III 57, Älian, IV 59, Philostrat der Zweite). Den Byzantinern ist
dieser Gebrauch des Dativs sehr geläufig (Böhlig 118 f.).

μίαν τῷ ἀριθμῷ ἢ πλείους, καὶ τίνες αὗται καὶ πῶς κτέ. Π¹ geändert ist [1]).
Wohl weniger attizistischer Einfluss als vielmehr Textverein-
fachung ist es, wenn der Bearbeiter das ἄν immer vor das Verbum
stellt — offenbar will er auf die nun folgende Optativform aufmerksam machen — und wenn Π¹ auffallend stark die Apostrophierung
vermeidet, was besonders in den Hss M und S zutage tritt.

c) *Konjekturen und Varianten*

Der Bearbeiter fand bei seiner Rezensionsarbeit in seiner Hs
selbstverständlich viele mechanische Verlesungen vor, die es zu
heilen galt, sollte der Text verständlich sein. Darüber hinaus traf
er auf Stellen, die an sich schon schwer zu verstehen waren. So hat er
häufig an verderbten oder ihm unverständlich erscheinenden
Stellen konjiziert, wovon oben bereits einige Beispiele angeführt
wurden. Ausserdem scheint er aber zu seiner Arbeit eine andere
Tradition der Politik benutzt zu haben, die bisher nicht bekannt
geworden ist und nur durch die ihr entnommenen Varianten erschlossen werden kann.
Einige deutliche Beispiele von Konjekturen sollen vorgeführt
werden:
89 a 24 war in dem Nebensatz εἴπερ εἴδη πλείω καὶ μὴ μία δημοκρατία μηδὲ ὀλιγαρχία μόνον ἔστιν schon im Archetypos das εἴδη zu δὴ
verlesen (Π²). Der Bearbeiter änderte nun πλείω zu πλείους und
schrieb εἴπερ δὴ πλείους καὶ μὴ μία δημοκρατία μηδὲ ὀλιγαρχία μόνον
ἔστιν Π¹.
93 b 24 ist ohne einleuchtenden Grund ein ἄρτι ῥηθείσας Π² zu
ἀποδοθείσας Π¹ geändert.
93 b 39 steht καὶ καλοὺς κἀγαθοὺς καὶ γνωρίμους Π². Weil offenbar
der Begriff καλὸς κἀγαθὸς nicht mehr recht verstanden wurde,
änderte der Bearbeiter in καλοὺς καὶ ἀγαθοὺς (nur M P).
08 b 10 f. heisst es καὶ ἐν δήμῳ καὶ ὀλιγαρχίᾳ καὶ πάσῃ πολιτείᾳ,
wobei die im vorhergehenden Satz genannten Begriffe wieder
aufgenommen werden. Der Bearbeiter vermisste aber die dritte

---

[1]) Der Dativ der Beziehung kommt in geringem Umfange bereits im
Attischen vor und wird als erweiterter Instrumentalis verstanden (Kühner-
Gerth I 440, 12). Im Attizismus gilt dieser Dativ als gut attisch (Schmid I
236, Lukian, III 57, Älian, IV 60, Philostrat der Zweite). Auch die Byzantiner
gebrauchen ihn gern (Böhlig 121 f.). Bemerkenswert ist, dass gerade die
Form τῷ ἀριθμῷ im Kommentar des Michael verwendet wird. Zu dem Stich-
wort τῷ ποσῷ (61 a 25) bemerkt er: ἔστι δὲ τῷ ποσῷ ἐν ὁ ἴσος τῷ ἀριθμῷ.
(Dieser Satz steht nur in S, H hat ihn verloren).

Verfassungsform neben der Demokratie und Oligarchie und setzte deshalb hinter ὀλιγαρχίᾳ ein καὶ ἐν μοναρχίᾳ und der Analogie wegen vor ὀλιγαρχίᾳ ein ἐν. Die gleiche Form, Demokratie und Oligarchie zu nennen und die übrigen Arten durch ein verallgemeinerndes ἐν πάσῃ πολιτείᾳ oder ähnliches zusammenzufassen, begegnet ein paar Zeilen später wieder (08 b 22 ff.).

10 b 16 f. steht αἱ μὲν γὰρ τοῦτον τὸν τρόπον κατέστησαν τῶν τυραννίδων, wobei dem αἱ μὲν ein respondierendes αἱ δὲ folgt Π². In Π¹ ist geändert zu αἱ μὲν γὰρ . . . . . αἱ τυραννίδες.

15 a 15 ist wohl aus Analogie zu ἡλικίαν (15 a 16) das τὰ σώματα Π² zu τὸ σῶμα Π¹ geändert.

19 a 7 hat der Bearbeiter ein τοῖς πολλοῖς Π² in ein τοῖς παλαιοῖς Π¹ geändert, weil in der gleichen Zeile ein ἀρχαῖον folgt.

22 b 1 ff. ist die Rede von Reitern, Leichtbewaffneten, Bogenschützen, Marine, für die manchmal jeweils ein Amt festgesetzt wird (= καθίσταται ἀρχή). Nun fährt Aristoteles fort mit αἱ καλοῦνται ναυαρχίαι καὶ ἱππαρχίαι καὶ ταξιαρχίαι. Weil er nach den Regeln der Kongruenz richtig mit der Pluralform des Relativpronomens fortfährt, änderte der Bearbeiter das καθίσταται ἀρχή Π² zu καθίστανται ἀρχαί Π¹.

29 a 20 f. heisst es, dass weder τὸ βάναυσον noch irgend ein anderes γένος δ μὴ τῆς ἀρετῆς δημιουργόν ἐστιν am Staate teilhat. Da nun aber τὸ βάναυσον ein μέρος des Staates ist, wie das oft und besonders im folgenden Text dargestellt wird, änderte der Bearbeiter das γένος Π² zu μέρος Π¹.

38 a 30 ff. schreibt Aristoteles: ὅτι μὲν τοίνυν ἔστι παιδεία τις, ἣν οὐχ ὡς χρησίμην παιδευτέον τοὺς υἱεῖς οὐδ' ὡς ἀναγκαίαν ἀλλ' ὡς ἐλευθέριον καὶ καλήν, φανερόν ἐστιν· πότερον δὲ μία τὸν ἀριθμὸν ἢ πλείους, Π². Weil nun die Adjektive zu παιδείαν im Akkusativ stehen, wird μία zu μίαν geändert und πλείους ist demnach ebenfalls als Akkusativ zu verstehen. Aristoteles hatte aber den Nominativ gesetzt, denn er fährt nach πλείους fort mit καὶ τίνες. (Vergl. S. 44 f.).

Ähnliche Konjekturen begegnen auch: 65 a 33 f., 72 b 16, 72 b 31, 93 a 3, 94 a 36 f., 13 b 14, 21 b 26, 24 a 35, 24 b 4, 28 b 15.

Darüber hinaus sind wohl an manchen Stellen gelungene Konjekturen des Bearbeiters in Π¹ nicht zu erkennen und werden von den Herausgebern als Überlieferung angesehen. So ist an der schon im Archetypos verderbten Stelle 61 b 2 ff. sicher konjiziert worden und der Mehrtext in Π¹ gegenüber Π² — Immisch baut darauf wiederum seine Konjektur — ist wohl als Zusatz des Bearbeiters zu streichen.

Neben diesen Konjekturen finden sich mehrere Stellen, an denen der Bearbeiter offensichtlich Varianten einer anderen Überlieferung zur Herstellung seines Textes benutzte.

Im vierten Kapitel des dritten Buches (76 b 16 ff.) verhandelt Aristoteles die Frage, ob die ἀρετή eines guten Bürgers und eines guten Mannes die gleiche sei. Nachdem er festgestellt hat, dass die ἀρετή eines Bürgers nach der jeweiligen Verfassung verschieden sein müsse, setzt er folgenden Syllogismus an: (76 b 31 ff.)

Erste Prämisse: Die ἀρετή des guten Bürgers ist nicht immer die gleiche;

Zweite Prämisse: Der gute Mann besitzt nur eine einzige vollkommene ἀρετή;

Conclusio: Die ἀρετή eines guten Bürgers und eines guten Mannes kann nicht die gleiche sein.

Die zweite Prämisse — τὸν δ' ἀγαθὸν ἄνδρα φαμὲν κατὰ μίαν ἀρετὴν εἶναι τὴν τελείαν — war schon im Archetypos ausgefallen, wohl durch das grosse Homoioteleuton. Da sie aber keine allgemein gültige Aussage enthält, ist der Syllogismus ohne sie nicht schlüssig. Der Satz steht nur in G und C P, während A und der Par. gr. 2025 (bei Susemihl-Immisch P⁴) ihn auf dem Rand bringen. Dass dieser Satz tatsächlich aus einer anderen Überlieferung stammt und nicht vom Bearbeiter aus dem Zusammenhang ergänzt ist, zeigt die Tatsache, dass in dem Satz selbst nach den oben herausgearbeiteten Regeln umgestellt ist. Denn während A und C den Satz in obiger Form bringen, ist in G „esse" (= εἶναι) hinter „dicimus" (= φαμὲν) gesetzt, um die Sperrung zu beheben. P und Par. gr. 2025 zeigen die Spuren einer Umstellung darin, dass τὴν über der Zeile nachgetragen ist.

85 a 13 f. ist aus der Ilias der Vers B 391 — in den Ausgaben δν δέ κ' ἐγὼν ἀπάνευθε μάχης ἐθέλοντα νοήσω — zitiert. Die beiden letzten Wörter waren schon im Archetypos ausgefallen. In der Nik. Eth. III, 11, 1116 a 33 zitiert Aristoteles den gleichen Vers, schreibt aber für das ἐθέλοντα der Ilias-Hss ein πτώσσοντα. Nun überliefert P ein zusätzliches νοήσω, G hat „quem ego videro fugientem e proelio" und C bietet ἐλθόντα νοήσω. Wahrscheinlich hat der Bearbeiter an der ausgefallenen Stelle das von C überlieferte ἐλθόντα νοήσω aus einer anderen Überlieferung ergänzt. P hätte dann ἐλθόντα verloren.

Bei der Übersetzungsart des Wilhelm von Moerbeke, besonders be
Versen oft nur sinngemäss den griechischen Text zu übertragen, ist
es durchaus möglich, dass in der griechischen Vorlage von G nicht
etwa φυγόντα, sondern ἐλθόντα (C) stand.

87 a 28 ff. beschliesst Aristoteles seine Untersuchung, ob es
besser sei durch Gesetz oder Menschen alles bestimmen zu lassen,
mit der Bemerkung, dass, lasse man das Gesetz herrschen, Gott und
der Verstand allein (τὸν θεὸν καὶ τὸν νοῦν μόνους, 87 a 29) herrsche.
τὸν νοῦν μόνους war schon im Archetypos zu τοὺς νόμους, das keinen
Sinn ergibt, verlesen. Nun erscheint auf dem Rand der Hss P A
Par. gr. 2025 C γρ. νοῦν als Variante zu dieser Stelle, das meist
deutlich von den Schreibern als Variante zu θεὸν (87 a 29) bezeichnet
wird. Wilhelm sah es als Variante zu νόμον (87 a 28) an oder fand
es bereits anstelle des νόμον vor. Aber auch dies ist nur der Rest
einer Variantenangabe, wie das Julianzitat [1]) bestätigt.

91 b 32 war im Archetypos ὑπερέχειν zu ὑπάρχειν verlesen. Die
richtige Lesart bietet P und auf dem Rand cod. Par. gr. 2025.

Oft ist Variante von Konjektur kaum zu unterscheiden, so etwa
53 a 7, wo die Textzeugen ein ἄζυξ bieten, während die Vorlage von
g ein περίζυξ bot. In der gleichen Zeile bieten zu der sonst überlieferten Lesart πεττοῖς ein πετεινοῖς Γ und auf dem Rand P cod.
Par. gr. 2025.

35 a 26 hatte Γ anstelle des σπέρματος der sonstigen Textzeugen
σώματος, das wiederum auf dem Rand von A P erscheint.

Vermutlich gehen auch weitere Varianten, die besonders von G
geboten werden, auf den gleichen Bearbeiter zurück, so etwa die
Lesung εἷς ὁ τῆς für das verderbte ἰσότης (60 b 41), welche durch G
und g überliefert wird, so ὁρῶμεν für ὁρῶ (57 b 33), das nur g bietet,
und andere Stellen mehr.

---

[1]) Julian, Brief an Themistios, 261 B. Allerdings bietet diese Lesung nur
der cod. Leid. Vossianus im III. Band, fol. 81 recto (Anfang 13. Jahrhundert), der lediglich die geringe Verschreibung von νόμος zu μόνος (87 a 32)
hat. Die übrigen Julianhss scheinen die Lesung der Politikhss aus diesen
übernommen zu haben. Leider berücksichtigt Bidez in seinen textgeschicht-
lichen Untersuchungen zur Julianüberlieferung den Brief an Themistios
nicht (J. Bidez et F. Cumont, Recherches sur la tradition manuscrite des
lettres de l'empereur Julien, in Mémoires publ. p. l'Acad. roy. d. Belg., t.
LVII, Brüssel 1898). Susemihls Vermutung (Susemihl³ XVII f.), dass schon
Julian zwei Lesungen dieser Politikstelle gekannt habe, ist nicht zu beweisen.

KAPITEL VIII

DIE BEWERTUNG DER BEIDEN FAMILIEN
Π¹ UND Π²

Aus den bisherigen Untersuchungen über die Familie Π¹ hat sich klar ergeben, dass alle Textzeugen dieser Familie auf einen Subarchetypos zurückgehen, der gegenüber dem Archetypos von Π¹ und Π² erhebliche Veränderungen mitgemacht hat. Auf dieser Rezension eine Ausgabe aufzubauen, wie es Susemihl tat, ist deshalb völlig verfehlt. Dennoch ist die Rezension Π¹ für die Gestaltung einer Ausgabe nicht ohne Wert. Die Familie Π², welche zwar die Textform des Archetypos ziemlich getreu überliefert, hat dennoch im Laufe der Jahrhunderte durch mechanische Einflüsse an mehreren Stellen gelitten. Glücklicherweise handelt es sich in allen Fällen um leicht erkennbare Verderbnisse, nie um bewusste Texteingriffe wie in Π¹. Überall, wo nun die Familie Π² derlei Mängel hat, ist der Text soweit möglich mit Hilfe der Familie Π¹ herzustellen.

Solche Verderbnisse in Π² sind zunächst einfache Analogismen, wie z.B. 61 b 2 f., wo in Analogie zu dem ἐν οἷς δὲ (61 a 39) ein ἐν τούτοις δὲ μιμεῖσθαι in Π² steht statt des τοῦτο δὲ μιμεῖται von Π¹; 62 b 33 ändert Π² φύλαξι τοὺς ἄλλους Π¹ zu φύλαξιν εἰς τοὺς ἄλλους, weil eine Zeile zuvor steht: φύλακας οἵ τε εἰς τοὺς ἄλλους; 68 b 5 ist δίκης (Π¹) durch ein voraufgehendes κρίσεως (Π²) ersetzt; 69 a 11 ist ein γράφειν (Π¹) in ein γραφῆναι geändert nach dem vorher stehenden γραφῆναι; 70 a 13 ist αὐτῆς (Π¹) zu αὐτὴν (Π²) nach dem folgenden αὐτήν geändert.

Weiterhin sind in Π² mehrfach ganze Ausdrücke oder Sätze aus ihrem syntaktischen Zusammenhang herausgerissen und an falscher Stelle in den Text eingeordnet. Offenbar handelt es sich dabei um von einem Schreiber zunächst vergessene und dann auf dem Rand nachgetragene Textstücke, die auf diese Weise an eine falsche Stelle gerieten. So stehen z.B. die Worte καὶ συνέχουσι τὴν πολιτικὴν κοινωνίαν 78 b 24 f. in Π² hinter 78 b 26 μόριον; die Worte ὡς οὐκ ἂν ἄριστα ὁ νόμος ἄρξειε καὶ κρίνειεν stehen in Π² vor 87 b 17 ἐπεί; der Satz οὐδ' ὀλιγαρχίαν, ὅπου κύριοι ὀλίγοι τῆς πολιτείας 90 a 32 f.

steht in A hinter 90 a 37 τούτους, ebenso in corr. B, während er in
pr. B hinter 90 a 39 προσαγορεύσειεν stand.

Schliesslich ist Π¹ dort zu folgen, wo in Π², meist infolge eines
Homoioteleuton, ein Textstück ausgefallen ist, so z.B.

01 a 30 ὅτι γὰρ ἐλεύθεροι πάντες, ἁπλῶς ἴσοι εἶναι;

07 b 32/34 παραδυομένη ἡ παρανομία, ὥσπερ τὰς οὐσίας τὸ μικρὸν
δαπάνημα ἀναιρεῖ πολλάκις γινόμενον. λανθάνει γάρ;

37 b 16/19 τὸ δὲ προσεδρεύειν λίαν πρὸς ἀκρίβειαν ἔνοχον ταῖς εἰρημέ-
ναις βλάβαις. ἔχει δὲ πολλὴν διαφορὰν καὶ τὸ τίνος ἕνεκεν πράττει τις ἢ
μανθάνει· τὸ μὲν γὰρ αὑτοῦ χάριν ἢ φίλων ἢ δι' ἀρετὴν οὐκ ἀνελεύθερον;

37 b 34 τῆς ἀσχολίας καὶ τέλος, ζητητέον ὅ τι δεῖ ποιοῦντας σχολάζειν;

Dass es sich dabei nicht um Zusätze in Π¹, sondern Ausfälle in
Π² handelt, ergibt sich ohne weiteres aus dem Gedankenablauf oder
schon der Syntax der betroffenen Partien.

Eine Ausgabe ist daher auf der Textform von Π² aufzubauen,
wobei Π¹ ständig zur Kontrolle herangezogen werden muss. Für
das von V überlieferte Stück muss dieses Fragment mit verwendet
werden sowie H, das zwar dem gleichen Subarchetypos wie Π²
entstammt, aber einige Verderbnisse von Π² nicht hat [1]).

---

[1]) Gelegentlich sind auch Lesungen der sog. Deteriores in den Text auf-
zunehmen (vergl. S. 67 f. der Arbeit), so z.B. 74 b 20 die Lesung τι πταίσωσι,
die der verschollene Kodex des Camerarius bot und die ähnlich im cod.
Lipsiensis gr. 1335 (τί πταίσωσι) steht, während τυπτήσωσι A B C Γ H P
und τυπήσωσι M S bieten; 86 b 33, wo φυλάξαι Π², φυλάξεται Π¹ hat, und die
richtige Lesung φυλάξει im cod. Par. gr. 2025 steht.

KAPITEL IX

DIE TECHNIK DER ÜBERARBEITUNG IN Π¹

Bei den bisherigen Untersuchungen der Überarbeitung in Π¹ wurde immer von einem Bearbeiter und einem einmaligen Texteingriff gesprochen. Nun haben aber, wie schon mehrfach erwähnt, nicht alle Textzeugen von Π¹ in allen Fällen die gleichen Veränderungen gegenüber der Familie Π², vielmehr kommt es sehr häufig vor, dass nur ein Textzeuge oder aber nicht alle Textzeugen an einer Stelle eine Veränderung aufweisen, ja sogar, dass zwar alle eine Veränderung, aber nicht die gleiche bieten. Diese auffallende Erscheinung bedarf einer gesonderten Untersuchung, zumal eine möglichst genaue Kenntnis des Überarbeitungsprozesses aufschlussreich sein könnte für die Überlieferungsgeschichte anderer aristotelischer Werke oder gar des ganzen Corpus, worüber weiter unten zu sprechen sein wird.

Eine eingehende Untersuchung der Verschiedenheiten in den Änderungen von Π¹ ergibt rasch folgendes Ergebnis: Die Überarbeitung von Π¹ geht auf einen Bearbeiter und auf einen Überarbeitungsprozess zurück. Die Verschiedenheiten erklären sich durch die Technik, die der Bearbeiter anwendete.

Wollte der Bearbeiter in seiner Hs hintereinander stehende Wörter in ihrer Stellung vertauschen — die häufigste Art von Umstellungen — oder ganze Ausdrücke umstellen, so setzte er über die entsprechenden Wörter oder über das erste Wort der umzusetzenden Ausdrücke Zahlen oder andere Zeichen, mit denen eine Umstellung kenntlich gemacht werden konnte. [1]) Wurde nun die so bearbeitete Hs von einem Schreiber abgeschrieben, so ergab sich dadurch eine Vielfalt von Möglichkeiten, indem die Zeichen entweder ausser Acht gelassen, einfach mitabgeschrieben oder missverstanden wurden. Wurde die bearbeitete Hs aber mindestens zweimal abgeschrieben, was sehr wahrscheinlich ist, so ergab sich

---

[1]) Gardthausen (407 ff.) gibt kurz die häufigsten Umstellungs- und Tilgungszeichen an.

eine unendliche Vielfalt von möglichen Verschiedenheiten. Einige
Beispiele:

a) Umstellungen, die nicht in allen Textzeugen durchgeführt
sind:

60 b 17   τὴν πόλιν εἶναι σπουδαίαν   Γ Μ Π²
          τὴν πόλιν σπουδαίαν εἶναι   pr. P
61 b 19   σημεῖον εἶναι τοῦ   Γ Μ Π²
          εἶναι σημεῖον τοῦ   pr. P
81 a 35 f. ἄνθρωπον εἶναι ἀλλὰ μὴ νόμον φαῦλον, ἔχοντά γε τὰ
          συμβαίνοντα πάθη περὶ τὴν ψυχήν   P Π²
          ἄνθρωπον εἶναι ἔχοντά γε τὰ συμβαίνοντα πάθη περὶ
          τὴν ψυχὴν ἀλλὰ μὴ νόμον φαῦλον   Γ Μ
87 a 11   τὸ κύριον ἕνα πάντων εἶναι τῶν πολιτῶν   P Π²
          τὸ κύριον εἶναι πάντων τῶν πολιτῶν ἕνα   Γ Μ
28 a 33 f. διὸ κτήσεως μὲν δεῖ   P Π²
          διὸ δεῖ κτήσεως   Γ Μ

b) Stellen, an denen in allen Textzeugen umgestellt ist, aber
nicht in der gleichen Form:

74 b 38   ἡ δὲ πολιτεία τῶν τὴν πόλιν οἰκούντων ἐστὶ τάξις τις   Π²
          ἡ δὲ πολιτεία τῶν τὴν πόλιν οἰκούντων τάξις τίς ἐστιν   Μ P
„politeia autem est ordo quidam habitantium civitatem"   G =
          ἡ δὲ πολιτεία ἐστὶ τάξις τις τῶν τὴν πόλιν οἰκούντων   Γ

c) Stellen, an denen „falsch", d.h. nicht im Sinne des Bearbeiters,
umgestellt wurde:

59 b 30 f. δεῖ τὴν γυναῖκα εἶναι σώφρονα καὶ ἀνδρείαν καὶ δικαίαν   Π²
           δεῖ τὴν γυναῖκα σώφρονα εἶναι καὶ ἀνδρείαν καὶ δικαίαν   Π¹

Hier erscheint zunächst die Stellung in Π² vereinfacht. Aristoteles
hatte die Begriffe aber sicherlich in dieser Reihenfolge gebraucht,
entsprechend der Reihenfolge σωφροσύνη καὶ ἀνδρεία καὶ δικαιοσύνη
(59 b 24). Der Bearbeiter wollte umstellen zu δεῖ τὴν γυναῖκα εἶναι
σώφρονα καὶ δικαίαν καὶ ἀνδρείαν, wie es in γ stand, denn g bietet
„esse temperatum et iustum et fortem", weil bei einer Frau die
δικαιοσύνη vor der ἀνδρεία zu kommen hat. Es handelt sich also in Π¹
um eine "falsche" Umstellung, den originalen Text bietet Π².

62 b 39 steht κοινὴν ἢ μὴ κοινὴν εἶναι τὴν κτῆσιν in Π² und
Γ. Da aber die beiden Adjektive durch den Infinitiv von ihrem
zugehörigen Substantiv getrennt sind, wollte der Bearbeiter das

Hyperbaton beseitigen. Das führte zu der missverstandenen Umstellung in M P, wo an dieser Stelle zu lesen ist: κοινὴν εἶναι ἢ μὴ
κοινὴν τὴν κτῆσιν.

68 a 6 f. stehen sich die beiden Lesarten ἔτι δὲ νόμον ἐτίθει Π¹
und ἐτίθει δὲ νόμον Π² gegenüber. Auch hier scheint Π¹ die originale
Lesart zu bieten. Die Form von Π² ἐτίθει δὲ entspricht aber genau
der Art, wie Aristoteles — es handelt sich um die Politie des Hippodamos von Milet — die übrigen Gesetze anführt: κατεσκεύαζε δὲ
67 b 30, διῄρει δ' 67 b 33, ἐνομοθέτει δὲ 67 b 39, so dass ἐτίθει δὲ νόμον
= „weiterhin gab er ein Gesetz" sich ohne Anstoss an die voraufgegangenen Formulierungen anreiht. Die Lesung von Π¹ erklärt
sich einfach dadurch, dass der Bearbeiter infolge einer Dittographie
in seiner Hs ἔτι ἐτίθει δὲ νόμον vorfand. Setzte er ἐτίθει hinter νόμον,
so war für ihn der Text geheilt. Π¹ bietet ihn in dieser Form.
„Falsch" hingegen umgestellt war in jener Hs dieser Rezension,
aus der cod. Par. 2025 auf dem Rand ἔτι δὲ ἐτίθει νόμον stehen hat.

72 b 22 f. heisst es περὶ μὲν οὖν ταύτης εἰρήσθω τοσαῦθ' ἡμῖν τῆς
πολιτείας Π²P. Der Bearbeiter wollte die Sperrung von ταύτης
und τῆς πολιτείας beseitigen. Seine Absicht wurde missverstanden
und umgestellt zu περὶ μὲν οὖν ταύτης τοσαῦθ' ἡμῖν εἰρήσθω τῆς πολιτείας Γ M.

Wollte hingegen der Bearbeiter nur ein Wort oder einen kurzen
Ausdruck umstellen, so tilgte er das umzustellende Wort, — etwa
durch Punkte oder Klammern, so dass es noch lesbar war — und
schrieb es an der „richtigen" Stelle über die Zeile. Das führte a) dazu,
dass Π¹ das Wort an der ursprünglichen und der „richtigen"
Stelle hat, b) dass das umzustellende Wort ausfiel und c) dass
„falsch" umgestellt wurde. Einige Beispiele:

a) 55 b 11 f. steht: οἷον ἔμψυχόν τι τοῦ σώματος κεχωρισμένον δὲ
μέρος Π². Um die Sperrung durch den Genetiv zu beseitigen, stellte
der Bearbeiter τοῦ σώματος hinter μέρος. Das führte dazu, dass Π¹ es
an der gleichen Stelle wie Π² hat und hinter μέρος wiederholt.

70 a 20 heisst es ἐποίησεν οὐ καλόν in Π². Weil aber die Negation
vor das Verb gehört, setzte der Bearbeiter οὐκ vor ἐποίησεν, wobei
aber das von ihm getilgte οὐ vor καλόν in der Π¹-Tradition ebenfalls
weiter abgeschrieben wurde.

Ebenso steht es mit der Lesung 74 a 21, die in Π² τὸ δὲ τέταρτον
θητικόν heisst, vom Bearbeiter aber in τέταρτον δὲ τὸ θητικόν geändert wurde, so dass in Π¹ τὸ hinter τέταρτον wiederholt wird.

b) 30 b 29 f. steht τὴν μὲν ὅλην μὴ ποιεῖν πόλιν εὔτομον Π², was der Bearbeiter zu τὴν μὲν ὅλην πόλιν μὴ ποιεῖν εὔτομον Γ Μ änderte. P verlor das umgestellte πόλιν dadurch, dass es nach dem Willen des Bearbeiters an der ursprünglichen Stelle getilgt und andererseits an der „richtigen" Stelle vergessen wurde.

Ähnlich ist es 31 a 16, wo δεῖ ζητεῖν von Π² zu ζητεῖν δεῖ in Γ Μ umgestellt, in P aber δεῖ verloren wurde.

Umgekehrt ist 02 a 37 ἑπτὰ τυγχάνουσιν Π² in P umgestellt zu τυγχάνουσιν ἑπτά, während Γ und Μ das umgestellte τυγχάνουσιν verloren haben.

Häufig fehlt aus dem gleichen Grunde in einem oder allen Textzeugen von Π¹ das so oft umgestellte ἄν.

c) Bei dieser Umstellungsmethode kam es selbstverständlich auch zu „falschen" Umstellungen, wenn ein Abschreiber seiner Vorlage nicht mehr entnehmen konnte, an welcher Stelle nun das übergeschriebene Wort einzuordnen sei.

Ähnlich wie bei den Umstellungen verfuhr der Bearbeiter bei Tilgungen, Zusätzen und Textersatz. Der zu tilgende Text wurde so getilgt, dass er noch lesbar war; Zusätze wurden über die Zeile oder auf den Rand geschrieben. Das führte ebenso wie bei den Umstellungen zu Missverständnissen, Ausfall von Text und Verschiedenheiten innerhalb der Textzeugen von Π¹. Einige Beispiele:

57 a 6 f. heisst es κτήματος διττὴ ἡ χρῆσις Π². Aus verständlichem Grund (χρῆσις) änderte der Bearbeiter κτήματος zu χρήματος. Γ Μ bieten nun χρήματος; P hat κτήματος im Text und auf dem Rand χρήματος in der Farbe des Textes.

60 b 33 fehlt in Γ Μ τι bei dem Ausdruck τι παρ' αὐτὰς ἕτερον Π²P.

64 a 19 hat der Bearbeiter μαθόντες Π² durch παθόντες ersetzt, weil es der Zusammenhang zu fordern schien. Während nun P die Lesung von Π² bietet, steht παθόντες in Γ Μ und als Korrektur in cod. Par. gr. 2025.

Solche Fälle sind sehr zahlreich, z.B. 59 b 32, 65 a 16, 65 b 9, 67 a 11, 81 b 7, 81 b 24, 84 b 35, 08 a 35, 26 a 10, 30 b 25 u.a.m. 56 b 34 ist bei κεῖται. κεῖται γὰρ Π² in M das erste κεῖται ausgefallen, in P dagegen κεῖται γάρ.

65 a 19 sollte bei dem Ausdruck πρός τε τὴν χώραν καὶ τοὺς ἀνθρώπους Π² τε getilgt werden (τε - καί !). In P ist „richtig" τε ausgefallen, in M jedoch das folgende τὴν ebenso.

66 b 39 sollte bei διὰ τὴν τῶν Π² offenbar einer der Artikel getilgt werden. Nun fehlt in P διά, in M sogar διὰ τήν.

56 b 32 stand in der Hs des Bearbeiters ἀγαθῶν ζωήν Π². Er wollte

aber ἀγαθὴν lesen und setzte deshalb über das ὢν ein ἦν, wie es P
überliefert. In ΓΜ wurde „richtig" zu ἀγαθὴν ζωὴν geändert.

Aus dieser eben dargelegten und durch Beispiele erläuterten
Überarbeitungstechnik ergibt sich ohne weiteres die Erklärung für
die Vielfalt der Verschiedenheiten innerhalb von Π¹ ohne Widerspruch zu der Feststellung, dass ein Bearbeiter in einem einmaligen Überarbeitungsprozess die Hs rezensiert hat, von der alle
Textzeugen von Π¹ abhängen.

Ein Vergleich von G mit Π² zeigt eine auffallende Erscheinung:
Sind schon die Änderungen in M P gegenüber AB recht zahlreich,
so sind sie gering gegenüber den Änderungen, die sich aus der
Rückübersetzung von G für Γ ergeben. Änderungen jeder bisher
erwähnten Art, besonders aber Wortumstellungen, sind zahllos.
Bei Berücksichtigung aller durch die Struktur der lateinischen
Sprache bedingten Änderungen ist die Anzahl der Texteingriffe,
die in Γ gestanden haben müssten, immer noch so gross, dass der
Verdacht nahe liegt, der Grossteil dieser Eingriffe gehe auf den
Übersetzer Wilhelm von Moerbeke zurück, der sich zum leichteren
Übersetzen seine griechische Vorlage zurechtgemacht hätte. Das
aber wiederum ist recht unwahrscheinlich. Andere Übersetzungen
des Wilhelm zeigen, dass er wortgetreu übersetzte, was er vorfand [1]).
Unmöglich wird diese Annahme dadurch, dass sich zwar fast
alle Änderungen von Γ sehr leicht den für die Bearbeitung auf-
gezeigten Regeln unterordnen lassen, aber dennoch oft sog. „falsche" Umstellungen vorkommen, Lücken, wo in M oder P geändert
ist, und Fälle, in denen in Γ geändert ist, in M oder P ein Wort ausgefallen. Demnach sind alle Veränderungen in Γ, die über das
Mass der Veränderungen in M und P hinausgehen, ebenfalls auf die
Rezensionsarbeit des gleichen Bearbeiters zurückzuführen. Der
Grund für dieses Mehr an Veränderungen in Γ mag wohl darin
liegen, dass Γ, im 12./13. Jahrhundert geschrieben, drei bis vier
Jahrhunderte dem Überarbeitungsprozess näher stand als M P
und somit auch stärker dessen Spuren zeigen konnte.

---

[1]) z.B. die Übersetzung der Tria Opuscula (ed. H. Boese, Berlin 1960)
des Proklos. Busse (45) macht Wilhelm von Moerbeke für zu viele Texteingriffe verantwortlich. In Wirklichkeit ändert oder konjiziert der Übersetzer
nur, wo der Text verderbt oder nicht verständlich war.

KAPITEL X

DIE SOGENANNTE TRANSLATIO IMPERFECTA

Mehrfach wurde bereits oben g, die Translatio imperfecta, erwähnt. Dabei wurde behauptet, dass deren griechische Vorlage γ ebenfalls auf die überarbeitete Hs zurückgehe. Diese Behauptung lässt sich rasch beweisen, denn an folgenden Stellen geht γ mit Π¹ gegen Π²:

γ Π¹		Π²
60 a 4	ὑφηγεῖται	ὑφήγηται
64 b 3 f.	κἂν — γυναῖκες ante 64 b 2 ὥσπερ	ut editores
66 a 23	συνεστάναι	συνιστάναι
66 b 6	om.	ἐᾶν
68 a 3	om.	τὴν δίκην
68 b 5	διαιροῦντας	διαιροῦντα
69 b 21	τοιοῦτός ἐστιν	φανερός ἐστι
		τοιοῦτος ὢν
69 b 26	om.	φανερῶς
70 a 25	om.	ἦν
71 a 27 u. 72 a 2	φιλίτια	φιδίτια

Daraus ergibt sich einwandfrei, dass γ auf die gleiche überarbeitete Hs zurückgeht wie Γ M P. g zeigt gegenüber M und P ebenso wie G weit grössere Spuren der Überarbeitung und die nachweisbaren Texteingriffe gehen in diesem noch nicht einmal zwei Bücher umfassenden Stück in die Hunderte. Dass γ dabei häufiger mit Γ geht als mit M P ist leicht verständlich, denn Wilhelm von Moerbeke benutzte ja bei der Herstellung von G die Translatio imperfecta. Aus ihr nahm er auch die richtige Lesart εἰς ὁ τῆς (60 b 41) für das verderbte ἰσότης der übrigen Hss. Die Lesart ὁρῶμεν (57 b 33) für das ὁρῶ der anderen Textzeugen hat Newman schon in einer Hs gefunden [1]. Erwähnenswert ist die Lesart περίζυξ ὢν (53 a 7), die γ gegenüber ἄζυξ ὢν in den anderen Textzeugen bietet.

---

[1] Newman II 410 (39. 11).

Sonst ist g zur Textherstellung von geringem Wert. Zu einer Neuausgabe müsste sie jedoch herangezogen und genauestens auf echte Überlieferung geprüft werden.

Die recht eigenwillige Textform von g zeigt, dass γ sich aus der Π¹-Überlieferung gelöst hat, bevor diese in die einzelnen Traditionslinien gespalten war, an deren Ende Γ M und P stehen. Nun ist g reich an paläographischen Fehlern, sowohl griechischen als auch lateinischen. Aus dieser Fülle von Verschreibungen lassen sich einige herausgreifen, die eindeutig Verschreibungen in einer griechischen Unziale sind.

54 b 6 kommt die Verlesung OTI zu ETI vor, 68 b 17 umgekehrt ETI zu OTI, 61 b 36 die Verlesung MAΛΛON zu AΛΛOI. Unzial ist auch die Verlesung ΓINEΣΘAI TOTE zu ΓINEΣΘAI ΠOTE (70 a 35 f.) — Dittographie von Iota! — und die Verlesung ΣHMEION ΠOPIΣΘENTOΣ zu ΣHMEION OPIΣΘENTOΣ (57 a 41) —Haplographie von N/Π ! —. Unzial ist wohl auch die Dittographie, die 63 a 18 vorkommt, wo ΠOΣI zu ΠOΣEΣI verlesen ist.

Zahlreich sind die Verlesungen, die sowohl in der Unziale als auch in einer frühen Minuskel vorkommen können, wozu vor allem die Trennungsfehler zu rechnen sind: Durch Dittographie entstand ein überflüssiges οὐ vor σύζευξις (53 b 10); Trennungsfehler sind folgende: die Verlesung von ἀπ' αὐτῶν zu ἀπάντων (54 b 18 f.). 63 a 20 ist προσκρούομεν οἷς verlesen zu προσκρουομένοις, 63 a 29 ἑκάστου zu ἐκ τοῦ, 65 a 18 κατ' εὐχήν zu κατέχειν, 68 a 42 τό τε zu τότε, 69 a 26 τυχόντι zu τυχόν τι, 73 a 9 οὐ διακοῦσαι zu οὐ δὴ ἐκοῦσαι.

Zu einer eigenen Interpunktion hat 67 b 37 die Verlesung δ' εἴδη zu δεῖ δὲ geführt. In Π¹·² heisst es an dieser Stelle: ᾤετο δ'εἴδη καὶ τῶν νόμων εἶναι τρία μόνον (γ hat δεῖ δὲ). In γ war ᾤετο zum vorhergehenden Satz genommen und mit δεῖ ein neuer Satz begonnen worden.

Verlesungen der frühen Minuskel sind auch die häufig vorkommenden Verwechslungen von ἢ und καί, von ἔτι und ἔστι.

Verlesungen der mittleren oder späteren Minuskel sind wohl ἀτεκνία zu εὐτεκνία (65 a 41, 65 b 10). Damit kann als sicheres Ergebnis der Eigenüberlieferung von γ festgestellt werden, dass die Trennung von Π¹ bereits in der Majuskel, spätestens also wohl im 10. Jahrhundert stattgefunden hat.

KAPITEL XI

DIE ZEIT DER TRENNUNG DER FAMILIEN Π¹ UND Π² UND DER ÜBERARBEITUNG VON Π¹

Die Herausgeber weichen in ihren Zeitangaben für die Trennung der beiden Hss-Familien um Jahrhunderte voneinander ab [1]). Nachdem aber nachgewiesen werden konnte, dass V innerhalb der bisher bekannten mittelalterlichen Überlieferung steht und dem gleichen Subarchetypos entstammt wie Π¹ und ausserdem die Umschrift aus einer Majuskelhs darstellt, ist klar, dass der Archetypos der Gesamtüberlieferung ein Majuskelkodex war und dass die Trennung in Π¹ und Π² noch in der Unziale stattgefunden hat. Die Untersuchung von g (γ) bestätigt dieses Ergebnis.

Ausserdem begegnen in den Hss eine Reihe von Unzialverlesungen und Trennungsfehlern: So ist in Π¹ θυσιῶν zu οὐσιῶν (85 b 10) und θυσίαι zu οὐσίαι (85 b 16) verlesen. Umgekehrt ist in Π² λάλος zu ἄλλος (77 b 23) und δουλεύοντος zu δούλου ὄντος (17 b 13) verlesen.

Von grösster Bedeutung ist die Zeitbestimmung für die Überarbeitung in Π¹. Durch das bei der Untersuchung von g (γ) gewonnene Ergebnis lässt sich feststellen, dass diese Überarbeitung noch in der Unziale stattgefunden hat, was durch viele Beobachtungen bestärkt wird.

a) 78 b 19 ff. sagt Aristoteles, dass der Mensch ein Gemeinschaftswesen (ζῷον πολιτικόν) sei, διὸ καὶ μηδὲν δεόμενοι τῆς περὶ ἀλλήλων βοηθείας ὀρέγονται τοῦ συζῆν . Statt βοηθείας haben V Γ M ein aus dem Stichwort πολιτικόν abgeleitetes πολιτείας. Da nun V sonst nirgends die Spur einer Überarbeitung zeigt, ist anzunehmen,

---

[1]) Susemihl setzte die Entstehung der beiden Familien sehr früh an. Über die Entstehung der Rezension Π¹ äussert er sich (Susemihl³ XVII): „. . . ortamque esse docui . . . hanc recensionem inter saeculum quintum exiens et saeculum octavum." Immisch hingegen äussert sich zwar nie expressis verbis über die Zeit der Trennung. Er polemisiert lediglich mit recht schwachen paläographischen Argumenten (Immisch IX f.) gegen Susemihls Meinung. Da er aber der Meinung ist, dass V und H der gleichen vor Π¹ und Π² liegenden Rezension entstammen, Michael von Ephesos im 11. Jahrhundert aber zur Kommentierung diese angebliche älteste Rezension benutzt habe, ergibt sich, dass nach Immischs Anschauung die beiden Familien erst nach dem 11. Jahrhundert entstanden sind (Vergl. Heiberg 145).

dass die Änderung von βοηθείας zu πολιτείας auf Kosten des Bearbeiters von Π¹ geht und dass diese Lesart aus einer Hs dieser
Rezension in die Tradition von V gekommen ist.

Das gleiche ist wohl 80 b 5 der Fall, wo hinter dem in Π¹ getilgten
πολιτικῆς ein διασκοποῦσιν Π² zu διακονοῦσιν in V Γ M geändert ist.
P macht die Änderung nicht ganz mit, so dass pr. P ein διακοποῦσιν hat.

b) Da der Bearbeiter beabsichtigte, den Text der aristotelischen
Politik lesbar zu machen, korrigierte er auch manche Verderbnis
und manchen Textausfall, wie das oben dargelegt wurde. Nun hat
Π¹ eine Reihe von Textauslassungen, die fast restlos darauf zurückzuführen sind, dass beim Abschreiben einer Hs eine ganze Zeile
dieser Hs ausgefallen ist. Ausser der oben erwähnten Ergänzung
(76 b 33 f.) zeigt Π¹ nur noch eine Stelle, an der in ähnlicher Weise
ein Fehler von dem Bearbeiter verbessert wurde. 33 b 38 war in der
Hs des Bearbeiters ἀνθρώπων· τήν τε τῶν doppelt geschrieben.
War nun ἀνθρώπων als ἀν̅ω̅ν̅ geschrieben und hinter ἀνθρώπων
eine Interpunktion, so umfasste das doppelt geschriebene Stück
genau eine Unzialzeile der Grösse, wie sie für die Vorlage von V
ermittelt werden konnte. In der Hs des Bearbeiters war dadurch
folgender Wortlaut entstanden: τῶν ἀνθρώπων· τήν τε τῶν ἀνθρώπων
τήν τε τῶν πολεμικῶν ἄσκησιν . . . Er nahm eine Umstellung vor
und schrieb: τῶν ἀνθρώπων· τήν τε τῶν ἀνθρώπων ἄσκησιν τήν τε
τῶν πολεμικῶν . . ., wie es P überliefert, während Γ M die Umstellung
nicht zeigen, aber πολεμικῶν zu πολεμίων geändert haben.

Hätte der Bearbeiter bereits weitere Auslassungen oder Doppelschreibungen vorgefunden, so wären sie sicher nicht ohne Verbesserung geblieben.

Als oberste Grenze der Überarbeitung ergibt sich demnach
etwa das 9./10. Jahrhundert. Die wenigen Zitate aus der Politik
ergeben zu der Frage nichts Positives. Es kann nur festgestellt
werden, dass Julian ¹) die Textform von Π², also des Archetypos
bietet, und dass aus den Zitaten des Proklos ²) überhaupt nichts zu
entnehmen ist.

Da die Überarbeitung der Familie Π¹ sehr nach Schule aussieht,

---

¹) Julian, Brief an Themistios, 260 D-261 C.
²) Procli Diadochi in Platonis Rempublicam Commentarii, ed. Kroll,
Leipzig 1901, II 360-368. Proklos folgt zwar ziemlich genau dem aristotelischen Text, erwähnt aber gerade die für die Frage nach seiner Textform
entscheidenden Stellen nicht, wie z.B. 60 b 41, wo die Hss der Politik ἰσότης
statt εἰς ὁ τῆς bieten, oder 61 a 37, wo alle Textzeugen offensichtlich eine
Lücke haben.

wird wohl anzunehmen sein, dass sie in Konstantinopel geschehen ist. Somit kann ungefähr gesagt werden, dass die Trennung der Familien im 6. -8. Jahrhundert stattgefunden hat, die Überarbeitung aber im 7.-10. Jahrhundert.

Da nicht nur die aristotelische Politik, sondern mindestens auch die Physik, die Metaphysik, die N.E. u.a. nach den gleichen Gesichtspunkten wie die Politik überarbeitet wurden, [1]) ergibt sich vielleicht aus parallelen Untersuchungen dieser Werke eine genauere Zeitbestimmung.

---

[1]) Bei einem Vergleich mit den Überlieferungsverhältnissen anderer aristotelischer Werke muss man sich auf die Untersuchungen anderer stützen, da eigene Untersuchungen zu weit führen würden. Oft verfolgen diese Untersuchungen aber ganz bestimmte Ziele, so dass für den hier vorzunehmenden Vergleich wichtige Punkte innerhalb der Überlieferung einfach übergangen werden, wie z.B. bei Gudeman, Die Textüberlieferung der aristotelischen Poetik (Philologus 90 (1935) 26-56. 156-175. 441-460), der sich nicht genug tun kann nachzuweisen, ein wie schrecklicher Aberglaube der Glaube an den cod. Par. gr. 1741 als Archetypos der Poetiküberlieferung sei. Dennoch zeigen andere Untersuchungen eine auffallende Parallelität der Überlieferungsverhältnisse zu den in vorliegender Arbeit gewonnenen Ergebnissen. So zählt z.B. Ross in der Metaphysikausgabe (Aristotle's Metaphysics ed. Ross, Oxford 1953, Nachdruck, I, CLIX) als charakteristische Unterschiede zwischen den beiden Hss-Familien der Metaphysik folgende Punkte auf:
,,(1) Differences of order of words — very frequent.
(2) Differences of inflexion, e.g. of number or of degree.
(3) Use of synonyms, . . .
(4) Differences of grammatical structure, . . .
(5) Use of ἤ instead of ἢ . . . ἤ, and of καί instead of τε . . . καί or καί . . . καί.
(6) Lacunae.''
Der Hauptvertreter der überarbeiteten Gruppe der Metaphysikhss ist der cod. Laurentianus 87, 12 aus dem 12. Jahrhundert, der wiederum engste Verwandschaft zeigt zu dem von Alexander, bzw. Michael v. Ephesos benutzten Kodex.
Diels fand die gleichen auffallenden Erscheinungen in den Hss der aristotelischen Physik, wie Streichung und Zusatz von Artikeln, Umstellungen, Auffüllung von Ellipsen u.ä.m. Den Archetypos setzt er zwischen 600 und 800 an (Diels 7). Ihn denkt sich Diels reich an Varianten. Weil aber diese Annahme immer noch nicht ausreicht, die Verschiedenheiten der Hss zu erklären, nimmt Diels weiter an, dass die Schreiber keine einfachen Lohnschreiber, sondern Gelehrte gewesen seien, die selbst zu den Varianten der Hss noch rezensiert und ältere Überlieferung benutzt hätten (Diels 19). Wahrscheinlich würde eine genauere Untersuchung aber zeigen, dass irgendwann in der Überlieferung ein Eingriff ähnlich dem in den Politikhss vorgenommen wurde.
Für De partibus animalium setzt Düring den Archetypos zwischen 600 und 800 (Düring 41). Auch in dieser Schrift wurde im Mittelalter eine Überarbeitung vorgenommen und Düring charakterisiert sie als ,,a special recension of the text, characterized particularly by transposition of the order of words and occasional additions and formal alterations'' (Düring 67). Vergl. Düring 42. 44, besonders 67-80.

KAPITEL XII

DIE WEITERE ÜBERLIEFERUNG VON Π¹

Nach den bisherigen Untersuchungen konnten folgende Hss erschlossen werden: Der Archetypos, der Subarchetypos, von dem über mindestens ein Mittelglied V abhängt und aus dem die Hs des Bearbeiters stammt. Zwischen der Hs des Bearbeiters und der letzten gemeinsamen Hs für Π¹ muss eine weitere Hs liegen, in der die allen Textzeugen von Π¹ gemeinsamen Textlücken bereits vorhanden waren:
Es sind folgende:

75 a 11   καὶ γὰρ ταῦτα τούτοις ὑπάρχει
75 a 28 f. καίτοι γελοῖον τοὺς κυριωτάτους ἀποστερεῖν ἀρχῆς
78 b 1 f. ἐκ τῶν εἰρημένων
87 b 38   καὶ ἄλλο βασιλευτ(ικ)όν
11 b 37   καὶ περὶ τὰς πολιτείας
24 b 29   ἀλλὰ μὴν οὐδ'ἐν ταῖς ἄλλαις ἐπιστήμαις τοῦτο ὁρῶμεν
31 a 21-23 δῆλον ὡς αὐτὰ — τοῖς φυλακτηρίοις
37 a 29   μόριον γὰρ ἕκαστος τῆς πόλεως
37 b 25 f. τὴν μὲν γραμματικὴν καὶ γραφικὴν
42 a 1 f. οὐ τὸν αὐτὸν δὲ τρόπον πάσαις χρηστέον

Die Überlieferungslinie, an deren Ende γ steht, könnte unmittelbar aus der Hs des Bearbeiters geflossen sein.

Die weitere Überlieferung läuft dergestalt, dass sie sich in zwei Linien teilt, an deren Enden auf der einen Seite P steht, auf der anderen eine Hs, der Γ und M entstammen. Beweis für diese enge Verwandschaft zwischen Γ und M sind 5 gemeinsame Textauslassungen und 6 in den Text eingedrungene Glossen, die P nicht zeigt. Γ und M haben folgende gemeinsame Textlücken:

74 a 8 f. τὰ δὲ δικαστήρια μισθοφόρα κατέστησε Περικλῆς
80 a 12 f. καὶ τὸ ἄνισον — ἀλλὰ τοῖς ἀνίσοις
97 b 33 f. ὡς ἐπὶ τὸ πλεῖστον — τῶν πολιτειῶν
16 a 32 f. τῶν Γέλωνος ἐν Συρακούσαις — ὥσπερ ἡ
34 a 3 f. ὅπως καὶ — τοῦ σχολάζειν

und folgende gemeinsame Glossen im Text:

56 b 26   θηρευτικὸν
59 b 14   πατέρα εἰπών
87 b 15   ὡς οὐχ ἵνα λοιπὸν ἄρχειν δίκαιον
96 b 26   εἰ μὲν γὰρ οἱ γεωργοὶ ὑπερέχουσι, γίνεται ἡ τῶν γεωργῶν
          δημοκρατία
01 a 36   αἱ πολιτεῖαι
21 a 31   τῆς πόλεως

Alle diese Glossen stehen als solche in A, eine zudem noch in P (87 b 15).

Dass M wiederum trotz seiner engen Verwandtschaft zu Γ nicht auf diese Hs zurückgeht, ergibt sich schon daraus, dass Γ drei in den Text eingedrungene Glossen hat, die der Hs M fremd sind (87 a 10, 00 b 4, 39 a 6).

Für die Datierung der letzten gemeinsamen Hs für Γ und M ergeben sich einige paläographische Hinweise. Zunächst sind Verlesungen zu bemerken, die am ehesten in der Schriftform der frühen Minuskel möglich sind. So ist einmal ὢν zu ἂν verlesen (73 b 4), συμβαίνει zu σημαίνει (12 b 29). 91 a 39 ist das κρινοῦν von VP zu einem κοινοῦν Γ („communicat" G) verlesen, das später in M weiter zu κινοῦν verderbt wurde. Die Verwechslung von ο und ρ ist in der frühen Minuskel deshalb besonders leicht möglich, weil das ρ aus einem ο besteht, an das ein leicht abgerundeter Strich nach unten angehängt wird. Eine Haplographie in diesem Sinne zwischen ο und ρ begegnet in Γ M 97 a 10, wo παρακρούεσθαι zu παρακούεσθαι verlesen ist.

Etwas späterer Zeit gehören die Verlesungen von ευ zu α und umgekehrt an (z.B. 73 b 6, 78 a 32, 00 a 2, 03 a 12, 04 a 7), von υ zu ο (69 a 1, 06 b 2) und von θ zu λ (05 b 25). Die letzte gemeinsame Hs für Γ und M wird demnach im 11./12. Jahrhundert geschrieben gewesen sein.

KAPITEL XIII

DIE HS S UND IHR VERHÄLTNIS ZU DEN ÜBRIGEN TEXTZEUGEN

Diese Hs ist von den Herausgebern bisher nicht berücksichtigt worden [1]). Ihre Textform zeigt rasch, dass sie der Familie Π^1 zugehört und innerhalb der Familie Π^1 der Gruppe Γ M. Die oben für Γ und M festgestellten Auslassungen und in den Text eingedrungenen Glossen (S. 61 f.) bietet S in der gleichen Form. Dass S enger mit M als mit Γ verwandt ist, zeigen die über 20 Textauslassungen, die nur M und S gemeinsam sind. In seinen von den übrigen Hss abweichenden Lesarten geht S meistens mit M. Auch die äussere Form von S — paläographisch zu verstehen — hat grösste Ähnlichkeit mit M, so dass fast anzunehmen wäre, dass beide Hss aus der gleichen Vorlage stammen. Das dürfte wohl nicht der Fall sein, denn M und S haben keine gemeinsame eingedrungene Glosse, die nicht auch Γ hätte, andererseits aber stehen 55 a 28 und 98 a 27 in M eingedrungene Glossen, die S nicht kennt, und umgekehrt sind in den Text von S 75 a 26, 77 b 4 und 77 b 13 Glossen in den Text eingedrungen, die M nicht hat.

S zeigt die Spuren der Überarbeitung etwa in gleicher Form und in gleichem Ausmass wie M, hat daneben aber auch eigene Lesungen und Umstellungen. In einer Wertungsscala wäre S neben M zu stellen. Dennoch ist S eine der wichtigsten Politikhss, weil die Hs den Politikkommentar des Michael von Ephesos, der bisher nur aus H bekannt war, in etwas breiterer Form bietet und ausserdem recht viele Scholien der Parisini (A, B, P u.a.) verbessert, ergänzt und vermehrt.

---

[1]) Immisch, für den de Vries den Leidener Kodex bis 56 b 33 verglich, urteilt über S: (Immisch XXIX) „sed plurimis vitiis ita depravatum, ut vix operae pretium sit eum excutere". Jedoch hat S bei weitem nicht so viele Verderbnisse wie sein Gemellus M. Bei der Kollation der Hs fand sich fol. 18 von de Vries' Hand folgender Zettel: „Cod. Scal. 26: hiermee eenige bladzijden gecollationeerd voor prof. O. Immisch te Leipzig, 12. Sept. 1906". Die Bedeutung der Scholien von S hat de Vries offenbar nicht erkannt.

KAPITEL XIV

DIE WEITERE ÜBERLIEFERUNG VON Π² UND H

Nachdem nun der eine grosse Zweig der Überlieferung, an dessen Enden die Hss γ Γ M P S V stehen, untersucht ist, soll die Überlieferung des anderen Zweiges, aus dem bisher die Hss A B und H erwähnt wurden, dargestellt werden. Dieser zweite Zweig hat im Laufe seiner Überlieferung vor allem durch mechanische Verstellungen gelitten. Einige Verlesungen wurden bereits erwähnt. Ein typischer Unzialfehler ist diesen drei Textzeugen auch 01 b 6 gemeinsam, wo διχῶς Π¹ zu δικαίως verlesen ist [1]). 78 b 20 ist in den Text von A B H eine Glosse eingedrungen: An dieser Stelle sagt Aristoteles, dass der Mensch von Natur so sehr zur Gemeinschaft veranlagt sei, dass er auch dann zum Zusammenleben strebe, wenn er keiner fremden Hilfe bedürfe (= καὶ μηδὲν δεόμενοι τῆς περὶ ἀλλήλων βοηθείας (οὐκ ἔλαττον fügen ABH hinzu) ὀρέγονται τοῦ συζῆν). οὐκ ἔλαττον ist eindeutig ein überflüssiger Zusatz, denn erstens ist der Gedanke in sich vollkommen in der Fassung von Π¹ und ausserdem müsste es nicht ἔλαττον, das ein Messbares meint, sondern ἧττον heissen, das die Intensität bezeichnet.

Dass innerhalb der Hss A B H die Hss A B näher zusammengehören als eine von ihnen mit H, ergibt sich aus einer Reihe von Verlesungen, Auslassungen und anderen Fehlern, die A B gemeinsam, H jedoch fremd sind. So ist an den drei bereits erwähnten Stellen, an denen in A und B ganze Sätze an der falschen Stelle stehen (78 b 24, 87 b 18, 90 a 32), der Text von H in Ordnung. 01 a 30 und 07 b 32 lassen A B H Textstücke aus, die offenbar auf eine Hs mit 40/42 Buchstaben auf der Zeile zurückgehen, also wohl eine Minuskelhs. Michael von Ephesos versucht an beiden Stellen, in seinem Kommentar die Lücken zu heilen; also standen sie schon in seinem Exemplar, das spätestens im 11. Jahrhundert

---

[1]) Die Verlesung kommt dadurch leicht zustande, dass in einer Unzialhs das X für ein abgekürztes KAI gehalten wird. Michael v. Ephesos hatte bereits diese Verlesung in seiner Hs stehen, denn er erklärt das Wort δικαίως (Immisch 316, 1-3).

geschrieben war. Demnach wird wohl die Trennung von A B und H in der frühen Minuskel stattgefunden haben.

Einige Verschiedenheiten untereinander zeigen auch die Hss A und B. A oder ein Vorgänger ist mit der Familie Π^1 verglichen, während B keine derartigen Einflüsse zeigt. Die Vorlage von B war in sehr schlechtem Zustand, so dass die Schreiber stellenweise Buchstaben oder Wörter auslassen mussten. Es scheint, dass mehrfach zur Unterstützung neben der Vorlage eine andere Hs herangezogen wurde, die der H-Tradition entstammte. Wertmässig steht B etwas unter A, das weniger Verderbnisse und mehr Varianten hat.

KAPITEL XV

DIE HS C UND IHR VERHÄLTNIS ZU DEN ÜBRIGEN TEXTZEUGEN

Ebenso wie die Hs S wurde die Hs C bisher von den Herausgebern nicht beachtet [1]). Ein Vergleich ihrer Lesungen mit der übrigen Überlieferung ergibt rasch, dass C zu der Gruppe A B H gehört, denn alle Lesarten, die zur Unterscheidung von Π¹ und Π² oben (S. 14) für A und B angeführt wurden, gelten auch für C. Innerhalb dieser Familie zeigt C nächste Verwandtschaft zu A, denn auch C geht auf eine mit Π¹ verglichene Hs zurück. An zehn Stellen, an denen B den Text lückenlos überliefert, haben A und C gemeinsame Auslassungen (58 b 26, 62 a 26, 75 b 29 f., 76 a 36-38, 76 b 1-4, 88 a 18, 88 b 1 f., 91 b 38 f., 09 a 31, 42 b 11 f.). Ausserdem haben beide Hss eine Glosse gemeinsam im Text (99 b 7).

C unterscheidet sich von A vor allem dadurch, dass viele Lesarten aus der Familie Π¹ bereits in den Text eingearbeitet sind, so dass gelegentlich die Lesart von Π² nur noch auf dem Rande erscheint. So ist z.B. der Satz τὸν δ' — τὴν τελείαν (76 b 33 f.) in C in den Text aufgenommen. 88 a 15 ist ἀπόροις Π² durch εὐπόροις Π¹ ersetzt und auf dem Rand der Hs vermerkt: ἀπόροις εἶχε.

C ist reich an Variantenangaben und Glossen, bietet jedoch kaum Neues. Lediglich zu 15 b 25 f. hat C ein bisher unbekanntes Scholion. Schon im Archetypos war ἥμισυ (abgekürzt ∠) zu τέτταρα (= Δ) verlesen, so dass die Rechnung, die Aristoteles an dieser Stelle vorführt, nicht mehr stimmte. Dazu bemerkt das Scholion: δοκεῖ δεῖν ἑπτὰ λέγειν καὶ ἑβδομήκοντα.

Wertmässig steht C hinter A zurück und ist etwa B gleichzusetzen.

---

[1]) Immisch kannte zwar die Hs C aus dem Katalog Omonts, zweifelt aber daran, ob sie überhaupt die Politik enthalte (Immisch XXXII).

KAPITEL XVI

DIE SOGENANNTEN DETERIORES UND IHR TEXTGESCHICHTLICHER WERT

Bisher wurden bei allen Untersuchungen nur folgende zehn Textzeugen verwertet: G (Γ), g (γ), A B C H M P S V. Daneben sind bisher weitere 30 Hss bekanntgeworden, die Fragmente, Exzerpte, meist aber die ganze Politik überliefern. Diese Masse von Hss hat Susemihl unter der Sigel Π³ zusammengefasst und Deteriores genannt. Die Textform dieser Hss ist am nächsten mit der Textform von B verwandt, dadurch aber erheblich verschieden, dass sie zahlreiche Verderbnisse zeigt, die oft durch tief eingreifende Humanistenkonjekturen nur noch verschlimmert sind. Im einzelnen sind es folgende Hss:

Barberinianus gr. 215, 15. Jahrhundert,
Florentinus Castiglionis IV (acquisti nuovi), 15. Jahrh.,
Harleianus 6874, 15. Jahrh., Fragment,
Laurentianus 81, 5, 15. Jahrh.,
Laurentianus 81, 6, 1494 in Florenz geschrieben,
Laurentianus 81, 21, 15. Jahrh.,
Lipsiensis 1335, 15. Jahrh.,
Marcianus Venetus 200, 1457 geschrieben,
Marcianus Venetus 213, 15. Jahrh.
Marcianus Venetus, append. IV, 3, 1494 in Rom geschrieben,
Monacensis gr. 332, 15. Jahrh.,
(Mosquensis Synodalis 451, 16. Jahrh.,)
Ottobonianus gr. 151, 15. Jahrh., Exzerpt,
Oxoniensis corp. Christ. 112, 15. Jahrh.,
Parisinus gr. 963, 15. Jahrh., Exzerpt zu Π¹ gehörig,
Parisinus gr. 1857, 1492 in Rom geschrieben,
Parisinus gr. 1858, 16. Jahrh., Fragment,
Parisinus gr. 2025, 15. Jahrh.,
Parisinus gr. 2041, 16. Jahrh., Exzerpt,

Parisinus gr. 2042, 15. Jahrh., Exzerpt [1]),
Parisinus gr. 2043, 16. Jahrh., Exzerpt,
Parisinus gr. im Musée de l'Imprimerie Nationale Nr. 65, 16. Jahrh.,
Perusinus G 71, 15. Jahrh.,
Reginensis 125, 16. Jahrh.,
Urbinas 46, 15. Jahrh.,
Utinensis 5, 15. Jahrh.,
Vaticanus gr. 1002, 15. Jahrh., Exzerpt [1]),
Vaticanus gr. 2234, 1467 in Rom geschrieben,
Vaticanus gr. 2370, 15. Jahrh.,
Vaticanus-Palatinus 160, 15. Jahrh. [2])

Von diesen 30 Hss sind bisher auf ihre Textform 29 geprüft, nämlich alle mit Ausnahme des Moskauer Kodex. 13 Hss wurden zur vorliegenden Arbeit erneut überprüft, davon die acht Parisini [3]) und die Münchner Hs im Original, die Hss aus Leipzig, Oxford, der Ottobonianus gr. 151 und der Vat. gr. 1002 im Mikrofilm. Irgendeine Nachricht über den Kodex in Moskau zu bekommen, war nicht möglich. Für die restlichen 16 Hss wurden die Angaben von Susemihl, Newman und Immisch benutzt.

Bei allen Verderbnissen sind die Deteriores bei einer Ausgabe dennoch nicht ausser Acht zu lassen. Gelegentlich haben nämlich die Humanisten zur Verbesserung ihrer Hss ältere oder bessere Überlieferung benutzt, so dass ein paar Stellen bis heute aus den Deteriores zu verbessern sind, wobei allerdings nie bestimmt zwischen guter Überlieferung und gelungener Konjektur unterschieden werden kann.

Erwähnenswert sind einige Eigenheiten einzelner Deteriores. So ist der schon oben öfters zitierte Par. gr. 2025 nach einer Hs der Familie II[1], die P am nächsten stand, korrigiert.

---

[1]) Der cod. Par. gr. 2042 und cod. Vat. gr. 1002 enthalten die gleichen Exzerpte der Politik.

[2]) Eine weitere Politikhs erwähnt Immisch XXXIII. Sie stammte aus dem 16. Jahrhundert und befand sich in Konstantinopel, Metochion Panagiu Taphu. Die Bibliothek ist aber seit Jahren verschollen (Vergl. M. Richard, Repertoire des bibliothèques et des catalogues des mrs. grs., Paris 1958, 2. Aufl., S. 114, Nr. 431).

[3]) Die Hs aus dem Musée der Imprimerie Nationale (Paris) hat freundlicherweise anlässlich eines Aufenthaltes in Paris Herr cand. phil. Manfred Lossau (Saarbrücken) eingesehen. Ausserdem lagen Proben der Hs in Photokopie vor.

Der nur noch fragmentarische Par. gr. 1858 geht auf einen Kodex der Π^3-Gruppe zurück, der mit G verglichen wurde. Und zwar hatte man versucht, durch Rückübersetzung der lateinischen Übersetzung ins Griechische die alte Vorlage für G wieder zu gewinnen [1]). Weiteres Interesse verdienen die Deteriores jedoch nicht. Eine nähere Untersuchung ihres Verhältnisses untereinander ergäbe für die Beurteilung der einzelnen Hss nur Unwesentliches.

---

[1]) Susemihl zählte den cod. Par. gr. 1858 zur Familie Π^1 (Susemihl XII f.). Den wirklichen Tatbestand wies schon Busse einwandfrei nach (Busse 47 f.).

ZUSAMMENFASSUNG

Alle bis jetzt geprüften griechischen Hss und griechisch-lateinischen Übersetzungen [1]) gehen auf einen codex unicus zurück, der in Pergamentunziale im 6.-8. Jahrhundert geschrieben war und sich zuletzt wohl in Byzanz befand. Dieser Kodex wurde mindestens zweimal abgeschrieben. Auf eine Abschrift gehen die Textzeugen Γ γ M P S V zurück, auf die andere die Hss A B C H und alle sog. Deteriores. Die erste Gruppe spaltete sich schon im 6.-9. Jahrhundert in zwei Überlieferungszweige, an dessen einem Ende das um 950 geschriebene Fragment V steht, während der andere Zweig die Vorlagen der Übersetzungen und die Hss M P S hervorgebracht hat. Nach dieser Spaltung wurde die Hs, auf die Γ γ M P S zurückgehen, von einem byzantinischen Gelehrten dergestalt überarbeitet, dass er in grosser Zahl Wörter umstellte — meist um ein Hyperbaton zu beseitigen —, Ausdrücke kürzte oder erweiterte, zahlreiche Streichungen vornahm, nicht mehr gebräuchliche Wörter durch geläufige Synonyma ersetzte, verderbte Stellen durch Konjizieren und Heranziehen einer heute unbekannten Überlieferung verbesserte und somit die Rezension Π^1 schuf, deren bekannte Vertreter Γ γ M P S sind. Diese Überarbeitung fand noch in unzialer Zeit, spätestens im 10. Jahrhundert, statt. Ihr Zweck war eindeutig, den Text der Politik leichter lesbar zu gestalten und ihn dem Niveau einer Schule anzupassen. Da aber der Bearbeiter die rezensierte Hs offenbar nicht selbst abschrieb, entstanden beim späteren Abschreiben dieser Hs zahlreiche Missverständnisse, traten Doppelungen und Ausfälle ein, so dass die Textzeugen dieser Rezension eine bunte Vielfalt von Lesungen bieten, die alle auf die überarbeitete Hs zurückzuführen sind. Nach der Überarbeitung trennte sich Π^1 in zwei Gruppen, deren erste γ vertritt, während zu der zweiten Γ M P S gehören. Aus dieser Gruppe löste sich später die P-Linie ab, von Γ M S wiederum die Γ-Linie. M und S sind sich sehr ähnlich, haben aber nicht mehr die gleiche Vorlage.

---

[1]) Eine arabische Überlieferung der aristotelischen Politik gibt es nicht, wie Herr Prof. R. Walzer (Oxford) freundlicherweise mitteilte.

Um die Mitte des 13. Jahrhunderts entstanden die beiden Übersetzungen. Die erste (g) umfasst nur das erste Buch und einen Teil des zweiten und ist wahrscheinlich von Wilhelm von Moerbeke angefertigt, der später alle acht Bücher (zweite Übersetzung, G) aus einer anderen Vorlage übertrug. Diese Übersetzungen sind somit neben dem Fragment V die ältesten Textzeugen. Die Hss der Rezension Π^1 stammen aus dem 15./16. Jahrhundert, denn S ist 1445 geschrieben, M Ende des 15. und P Anfang des 16. Jahrhunderts.

Die auf die andere Abschrift des codex unicus zurückgehenden Hss A B C H und die Deteriores bieten den Text des Archetypos in reinerer Form als Π^1. Verderbnisse in A B C H sind meist mechanischer Art und leicht zu heilen, wie etwa Verschreibungen, Ausfall von Homoioteleuta u.ä.m., während die Deteriores darüber hinaus durch Texteingriffe der Humanisten verändert wurden. Um die Jahrtausendwende spaltete sich hier die Überlieferung in einen Zweig, der A B C und die Deteriores hervorgebracht hat und in die H-Linie, zu deren Textform Michael von Ephesos im 11. Jahrhundert einen in H und S fragmentarisch erhaltenen Kommentar schrieb. Unter den Hss A B C und den Deteriores bilden A C und B mit den Deteriores wieder zwei Gruppen. A und C gehen auf eine mit Π^1 kontaminierte Hs zurück, während B keine Kontamination, aber stärkere mechanische Verderbnis zeigt. Von der Vorlage oder einem früheren Vorgänger von B hängen alle Deteriores ab.

Eine Ausgabe ist demnach auf der nicht rezensierten Familie (Π^2) aufzubauen, wobei ständig, besonders an in Π^2 verderbten Stellen, die Rezension Π^1 mitberücksichtigt werden muss.

Aufgrund der vorliegenden Untersuchung ist es nun in den meisten Fällen möglich, die Textform des Archetypos herzustellen. Damit liegt die älteste rekonstruierbare Hs aber immer noch ein Jahrtausend später als die Niederschrift des Aristoteles. In dieser Zwischenzeit hat die aristotelische Politik vielfache und tiefgreifende Veränderungen erfahren, so dass dem Scharfsinn eines Herausgebers immer noch ein genügend grosses Betätigungsfeld bleibt.

(Vergl. die schematische Darstellung der Überlieferungsverhältnisse am Ende der vorliegenden Arbeit).

TEXTKRITISCHER ANHANG

Hier sollen einige Lesungen der kritischen Apparate berichtigt werden:

1) Die Hs H: Bei der Neukollationierung von H ergab sich, dass Immisch Versehen unterlaufen sind. Zu 52 a 15 schreibt er: τοὺς om., jedoch lässt H τοὺς nicht aus, sondern das folgende λόγους in einer Lücke; 54 a 6 gibt Immisch die Lesung ἀμφότερα H nicht an; 57 b 26 gibt er den Ausfall des τῶν nicht an.

2) Die Hs M: Studemund hatte ὁμοκάπους (52 b 15) gelesen, das Susemihl (XII Anm. 20) mit Recht anzweifelt, denn M bietet an dieser Stelle ὁμοκάπνους; 62 b 32 gibt Susemihl richtig an, dass M τοὺς φύλακας hinter δοθέντες stellt, während Immisch bemerkt, τοὺς φύλακας fehle in M; 71 a 37 versieht Susemihl die Lesung ναυάρχας mit „ut videtur" und Immisch erwähnt sie nicht. M bietet deutlich ναυάρχας; 31 b 41 bietet M τύχην ἢ φύσιν, was Susemihl und Immisch grundlos anzweifeln; 35 b 3 las Schöll in M μάλιστα ἄν. M bietet aber μάλιστα wie alle anderen Hss.

3) Die Hs V: 80 b 35 geben Heylbut (104) und Immisch (332) an, V habe anstelle des καί ein η. V bietet an dieser Stelle eindeutig ein κ, das die Umschrift eines unzialen abgekürzten KAI (= Ϗ) ist; 91 b 36 gibt weder Heylbut noch Immisch an, dass V hier κρινω-νουντων bietet.

Bei dieser Aufstellung wurden Scholien nicht berücksichtigt und nicht jeweils alle falschen Lesungen berichtigt. Immisch bringt z.B. für H auf zehn Seiten der Akademieausgabe mindestens eine falsche Lesung schwerwiegender Art.

VERZEICHNIS DER NUR MIT NAMENSANGABE ZITIERTEN LITERATUR

Arnim H. v. Arnim, Die Entstehungsgeschichte der aristotelischen Politik, Sitzungsber. d. Akad. d. Wiss. i. Wien, phil.-hist. Kl. 200 (1924) 1-130.

Blass-Debrunner Fr. Blass, Grammatik des neutestamentlichen Griechisch, bearb. v. A. Debrunner, 9. Aufl., Göttingen 1954.

Böhlig G. Böhlig, Untersuchungen zum rhetorischen Sprachgebrauch der Byzantiner mit besonderer Berücksichtigung der Schriften des Michael Psellos mit einem Geleitwort von Franz Dölger, Berl. Byz. Arb. 2 (1956).

Bonitz H. Bonitz, Index Aristotelicus, Darmstadt 1955, photomech. Nachdruck d. Ausg. 1870.

Busse A. Busse, De praesidiis Aristotelis Politica emendandi, Diss. Berlin 1881.

Diels H. Diels, Zur Textgeschichte der Aristotelischen Physik, Abh. d. Königl. Akad. d. Wiss. z. Berlin, phil.-hist. Kl. (1882) 1-42.

Du Cange Du Cange, Glossarium ad scriptores mediae et infimae Graecitatis, Lyon 1688.

Düring I. Düring, Aristotle's De partibus animalium, Critical and Literary Commentaries, Göteborgs kungl. Vetenskaps = och Vittehets=samhälles, sjätte följden, ser. A, Bd. 2, Nr. 1, Göteborg 1943.

Gardthausen V. Gardthausen, Griechische Paläographie, Bd. II: Die Schrift, Unterschriften und Chronologie im Altertum und im byzantinischen Mittelalter, 2. Aufl., Leipzig 1913.

Heiberg J. L. Heiberg (Rezension von Immischs 1. Ausgabe, Leipzig 1909) Nordiske Tidsskrift for filologi 18 (1909) 144-146.

Hertling G. v. Hertling, Zur Geschichte der aristotelischen Politik im Mittelalter, Histor. Beiträge z. Philosophie, Kempten-München 1914.

Heylbut G. Heylbut, Zur Überlieferungsgeschichte der Politik des Aristoteles, Rh. Mus. f. Phil. 42 (1887) 102-110.

Immisch Aristotelis Politica post Fr. Susemihlium recogn. Otto Immisch, editio altera correctior, Leipzig 1929.

Jöcher Chr. G. Jöcher, Allgemeines Gelehrten—Lexicon, darinne die Gelehrten aller Stände . . ., 4 Bde., Leipzig 1750-1751.

Kühner-Gerth R. Kühner-B. Gerth, Ausführliche Grammatik der griechischen Sprache, Satzlehre, 4.Aufl., Leverkusen 1955, 2 Bde., (unveränderter Nachdruck der 3. Aufl.).

Lacombe G. Lacombe, Aristoteles Latinus, Descriptio codicum, pars I, Bruges-Paris 1957 (photomech. Nachdr. d. Ausg. Rom 1939), pars II, Cambridge 1955.

74   VERZEICHNIS DER ZITIERTEN LITERATUR

Mai   A. Mai, Scriptorum veterum nova collectio e Vaticanis
                    codicibus edita, vol. II, Rom 1827.
Mayser   E. Mayser, Grammatik der griechischen Papyri aus der
                    Ptolomäerzeit, mit Einschluss der gleichzeitigen Ostraka
                    und der in Ägypten verfassten Inschriften, 2 Bde., Berlin-
                    Leipzig 1906-1938.
Meister   R. Meister, Zu Aristoteles' Politik p. 1288 a 13, Wien.
                    Stud. 37 (1915) 368-371.
Meisterhans   K. Meisterhans, Grammatik der attischen Inschriften,
                    3. verm. u. verb. Auflage, bes. v. E. Schwyzer, Berlin 1900.
Newman   The Politics of Aristotle ... by W. L. Newman, Oxford,
                    vol. I, II 1887, vol. III, IV 1902.
Nolhac   P. de Nolhac, La bibliothèque de Fulvio Orsini, Biblio-
                    thèque de l'Ecole des Hautes Etudes, Sciences philologi-
                    ques et historiques, 74 (1887).
Pelster   Fr. Pelster S. J., Beiträge zur Aristotelesbenutzung Albert
                    des Grossen, Teil II, Philosoph. Jahrb. 47 (1934) 56-64.
Schmid   W. Schmid, Der Attizismus in seinen Hauptvertretern v.
                    Dionysius v. Halikarnass bis auf den zweiten Philostratus,
                    4 Bde., 1 Registerband, Stuttgart 1887-1897.
Schwyzer   E. Schwyzer, Griechische Grammatik, im Anschluss an
                    K. Brugmanns Griechische Grammatik, 2 Bde., München
                    1934-1953 (Handb. d. Altertumswiss., hrsg. v. W. Otto).
Susemihl   Aristotelis Politicorum libri octo cum vetusta translatione
                    Guilelmi de Moerbeka rec. Fr. Susemihl, Leipzig 1872.
Susemihl³   Aristotelis Politica tertium ed. Fr. Susemihl, Leipzig 1882.
Susemihl Jahrb. Fr. Susemihl, die textüberlieferung der Aristotelischen
                    politik, Jahrbücher f. Class. Philol., hrsg. v. A. Fleckeisen
                    33 (1887) 801-805.

Auf weitere Literatur, die für die vorliegende Arbeit von geringer Bedeutung ist, wird im Laufe der Abhandlung hingewiesen.

STEMMA DER MITTELALTERLICHEN ÜBERLIEFERUNG

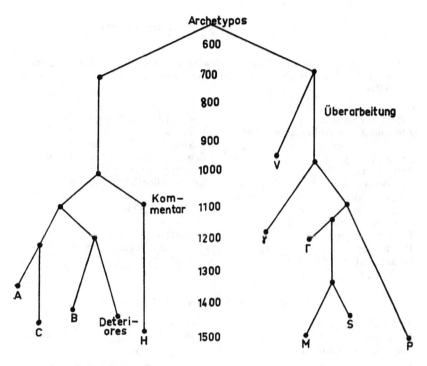

A = Par. Coisl. 161, 14.Jahrh.
B = Par. 2026, 15.Jahrh.
C = Par. suppl. gr. 652, 15.Jahrh.
Γ = verlorene Vorlage der lat. Übersetzung G, 12./13.Jahrh.
γ = verlorene Vorlage der lat. Übersetzung g, 12./13.Jahrh.
H = Berolin. 397, 15./16.Jahrh.
M = Ambros. Bord. sup. 105, 15.Jahrh.
P = Par. 2023, um 1501
S = Leid. Scalig. 26, 1445
V = Palimsestfragment im Vat. 1298, um 950

NAMENS- UND SACHREGISTER

In dieses Register wurden nur Stichwörter aufgenommen, die nicht schon aus dem Inhaltsverzeichnis zu entnehmen sind. Die Zahlen verweisen auf die Seiten.

GRIECHISCHES WORTREGISTER

πάτριος zweiendig 44, 44[1]
περίζυξ (s. παράζυξ) 11, 34, 48, 56
προανακρίνειν ersetzt durch ἀνακρίνειν
   32
πρός ersetzt durch εἰς 44, 44[5]
σύζευξις ersetzt durch ζεῦξις 33
ταῖν 40, 43, 43[3]

τε getilgt 37
τεκνοποιητική 13, 33
ὑγεία - ὑγίεια 40, 44, 44[3]
ὑπολαμβάνειν ersetzt durch νομίζειν
   32
χρᾶσθαι 44, 44[6]
χρή ersetzt durch δεῖ 32

STELLENREGISTER

Aischylos,
  Agamemnon 47, 1235   43[5]
  Choephoren 162   43[5]
  Perser 86   43[5]
  Septem 45   43[5]
  Supplices 682   43[5]
Aristoteles, Nik. Ethik
  III, 1116 a 33   47
Aristoteles, Politik
  (Zitiert werden nur kritisch be-
  handelte Stellen. Vergl. ausserdem
  die Listen S. 14-19)
  I, 52 a 8   39
  I, 52 a 30 f.   29
  I, 52 b 14   39
  I, 52 b 20   39
  I, 52 b 21   38
  I, 52 b 33   29
  I, 53 a 2   39
  I, 53 a 7   34, 48
  I, 53 a 7 f.   29
  I, 53 a 11   30
  I, 53 a 32   39
  I, 53 b 7   37
  I, 53 b 10   33
  I, 53 b 24 f.   37
  I, 53 b 28   31
  I, 54 a 34   35
  I, 54 a 39   35
  I, 54 b 2   35
  I, 55 a 30 f.   32
  I, 55 a 32   32
  I, 55 b 5   37
  I, 55 b 8   30
  I, 55 b 11 f.   53
  I, 55 b 26   33
  I, 56 a 6   33
  I, 56 b 1   34
  I, 56 b 32   54
  I, 56 b 34   54
  I, 57 a 6 f.   54
  I, 57 b 7   39
  I, 57 b 8   29

Aristoteles, Politik
  I, 57 b 24   38
  I, 57 b 33   48
  I, 58 b 1   34
  I, 58 b 4   41
  I, 58 b 12   39
  I, 59 a 28   38
  I, 59 b 24   52
  I, 59 b 30 f.   52
  I, 59 b 32   54
  I, 60 b 17   52
  I, 60 b 23 f.   30
  II, 60 b 32   37
  II, 60 b 33   54
  II, 60 b 41   48, 56
  II, 61 a 6   30
  II, 61 a 18   38
  II, 61 a 37   35
  II, 61 b 2   49
  II, 61 b 4   35
  II, 61 b 5   40
  II, 61 b 19   38, 52
  II, 61 b 25   38
  II, 62 a 35   39
  II, 62 b 7   37
  II, 62 b 39   52
  II, 63 b 1   38
  II, 63 b 16   37
  II, 64 a 19   54
  II, 65 a 4   41, 44
  II, 65 a 12   38
  II, 65 a 16   54
  II, 65 a 19   54
  II, 65 a 33 f.   46
  II, 65 a 35   32
  II, 65 b 4   34
  II, 65 b 9   54
  II, 65 b 17   37
  II, 65 b 27 f.   30
  II, 65 b 32   37
  II, 65 b 35   38
  II, 65 b 39   38
  II, 66 b 3   38

Printed in the United States
By Bookmasters